Hedwig Rost   Jörg Baesecke

Höher als der Himmel,
tiefer als das Meer

*Viel Freude
mit unserem Buch
und herzlichen
Dank für die
Einladung!

Herzlich*

*J. Baesecke
Hedwig Rost*
8.12.08

Hedwig Rost
Jörg Baesecke

Höher als der Himmel, tiefer als das Meer

Ein Erzähl- und Theater-Werkbuch

Verlegt bei Wilfried Nold in Frankfurt am Main

Bibliographische Informationen der Deutschen Bibliothek:
Die Deutsche Bibliothek verzeichnet diese Publikation in der Deutschen
Nationalbibliographie; detaillierte bibliographische Daten sind im Internet über
http://dnb.ddb.de abrufbar.

ISBN 978-3-935011-62-4

Umschlaggestaltung: Günter Mattei, mit Bildern von Clara Baesecke
Layout: Anke Wätjen, Hedwig Rost, Jörg Baesecke,

Bildnachweis:
Mats Rehnman (Stockholm) S. 15; Ann Granhammer (Stockholm) S. 29, 36, 43, 44;
Clara Baesecke S. 35, 113, 127; Christian Altorfer (Zürich) S. 164;
Silke Goes (Hamburg) S.165
Alle anderen Fotos und Grafiken stammen von den Verfassern.

Quellennachweis:
Unsere Geschichten kommen aus der mündlichen Tradition. Wo wir – jeweils
mit freundlicher Erlaubnis der Rechteinhaber – auf besondere Bearbeitungen
zurückgegriffen haben, ist das am Ende eines Textes vermerkt. Auf Seite 167 wird
zusammenfassend auf die Erteilung der Rechte hingewiesen.

© 2007 Verlag Wilfried Nold, Frankfurt/Main (www.noldverlag.de)
Tel. 069 - 72 20 83 / Fax 069 - 17 26 58

Gedruckt
im Grafischen Centrum Cuno, Calbe/Saale (www.cunodruck.de)
auf RecyStar 100% Recycling-Papier

Unseren Eltern
und allen, über die die Geschichten auf uns gekommen sind.

Unserer Tochter Clara
und allen, die die Geschichten weitertragen werden.

INHALT

VORWORTE

DIE KLEINSTE BÜHNE DER WELT

Miniaturtheater mit Alltagsgegenständen 21

PAPIERTHEATER, BILDERTHEATER

Kamishibei und Verwandtes 51

HÖRMALE

Cantastorie – Gesungene Geschichten 91

ERZÄHLEN UND FORMEN

Biegen, Reißen, Knoten, Schneiden – Gestalten beim Erzählen 109

ENGEL IN FETZEN

Ostjüdische / Chassidische Geschichten 143

NACHKLÄNGE

VORWORTE

PRÄLUDIUM

Es gibt eine ganze Reihe Fragen, die uns immer wieder gestellt werden. Einige davon wollen wir hier im Voraus beantworten.

„Wer soll das alles lesen?"
Jeder, der Stoffe zum Vorlesen oder für das eigene Erzählen sucht, findet hier ausgewählte, für die Mündlichkeit geeignete Texte: 20 besondere Geschichten.
Immer sind dazu auch unsere Darstellungsweisen beschrieben, mal ausführlicher, mal nur andeutend. Wer darüber nachdenkt, wie sich mit Geschichten weiter spielen lässt, findet hier also einiges Material. Dabei will unser Buch weniger eine Anleitung zum Nachmachen als vielmehr Anregung sein, selbst Ideen zu entwickeln. Nicht die Ausformung, sondern die Andeutung fördert die eigene Imagination – das ist hier wie auf der Bühne unser Grundsatz. Und schließlich gibt auch ein Zauberer seine Kunststücke nicht einfach preis...
Weiterhin haben wir an Zuschauer gedacht, die nach einer Aufführung gerne etwas nachlesen möchten. Fast alle unsere Programme sind mit mindestens ein oder zwei Geschichten vertreten.
Kein Text kann das unmittelbare Erlebnis eines Auftritts ersetzen. Umgekehrt lässt sich manches nicht von der Bühne aus mitteilen. Mit dem Buch versuchen wir, mehr von unserer Haltung und unseren persönlichen Hintergründen deutlich zu machen. Die Illustrationen sind zum großen Teil eigens dafür geschaffen. So hoffen wir, dass es auch unabhängig von unseren Aufführungen bestehen kann.

„Was machen Sie denn beruflich?"
So werden wir manchmal nach Aufführungen gefragt. Es ist anscheinend völlig unvorstellbar, dass ernsthafte Menschen so etwas als Broterwerb ausüben könnten.
Ja, es ist unser Beruf. Wir hätten wohl auch das Zeug zu einer „richtigen" Arbeit mit sehr viel höherem Einkommen gehabt. Aber wir wollten unser Geld mit etwas verdienen, das wir gern tun und in das wir möglichst viel von dem einbringen können, was wir als unsere Fähigkeiten erkennen.
Im übrigen versuchen wir diese Frage als Kompliment aufzufassen – in dem Sinne, dass unsere Aufführung leicht und selbstverständlich wirkte und ihr nichts von dem Schweiß und der Schwere anzumerken war, die man üblicherweise mit Erwerbsarbeit verbindet.

„Woher kommen Ihre Geschichten?"
Nicht von uns. Die meisten stammen aus der mündlichen Tradition, sind also über Generationen von Mund zu Ohr zu Mund zu Ohr gewandert. Wir haben sie bearbeitet, ihren Wortlaut zu Gunsten der Sprechbarkeit verändert, sie auch manchmal weitergesponnen. Modernisiert haben wir sie allerdings nicht. Wenn wir eine Geschichte erzählen, dann auch, weil wir sie so für zeitgemäß halten. Wir geben ihr unsere Stimme und unsere Ausdrucksmittel. Das alles aber macht uns noch nicht zu Autoren. Andere dürfen (und sollen!) die Geschichten weitererzählen, in ihrer eigenen Sprache und mit ihren Mitteln.

Die meisten Stoffe finden wir in Büchern, z.B. in Märchensammlungen. Manchmal gibt es dort sogar wörtliche Aufzeichnungen von Erzählern nach Tonbandmitschnitten, die die mündliche Form besonders gut erkennen lassen.

In den letzten Jahren haben wir zunehmend Geschichten auch hörend aufgenommen. Am Rande von Erzählkunstfestivals und im Austausch mit Erzählern aus der ganzen Welt bildet sich inzwischen eine eigene Erzählkultur, die man fast als eine neue Oralität bezeichnen könnte. Sie wird sicher nicht die Ausmaße annehmen, wie sie etwa zur Zeit der Spinnstuben bestand. Wir machen dabei aber die Erfahrung, dass gehörte Geschichten meist viel eindrücklicher sind als gelesene. Das hat uns sehr in unserem Weg bestätigt, Geschichten zu Gehör und zu Gesicht zu bringen.

„Daraus können Sie doch eine Geschichte machen!"
Ein wohlmeinender Rat, den wir im Alltag öfter erhalten, aber nie befolgen. Wir fühlen uns eben den mündlich überlieferten Geschichten verpflichtet. Diese Stoffe verbinden Erzähler wie Hörer mit ihrer Umgebung, ihrer Geschichte, Gesellschaft und Kultur. Sie schaffen Halt und verhelfen zur Orientierung. Keine noch so amüsante Alltagsanekdote kommt an diese Geschichten heran.

Sicher sind auch Anekdoten erzählenswert, doch nicht unbedingt von der Bühne herab. Ihre Gültigkeit und „Haltbarkeit" müssen sie erst noch unter Beweis stellen.

„Ist es nicht schön, Künstler und dann auch noch verheiratet zu sein?"
Als Künstlerpaar – wie lebt es sich da? Ganz unscheinbar – möchten wir antworten. Wir benutzen unsere Küchengeräte, ohne gleich ein neues Stück daraus zu machen, wir schreiben Briefe auf weißem Papier, ohne es zu falten oder Löcher hineinzureißen, und mit der Geige wird oft klassische Musik gemacht, ohne gleich den Bogen

auseinander zu schrauben. Übrigens essen wir auch ganz unbefangen Gurken im Salat (siehe „Ein Sommernachtstraum").

Andererseits macht es dieser Beruf manchmal schwierig, einfach frei zu haben. Wir haben uns über die Arbeit kennengelernt und hier begonnen, unseren gemeinsamen Weg zu gehen. Zusammen haben wir unsere künstlerische Handschrift entwickelt. Jeder schreibt sie jetzt auf seine Art, aber es braucht nur wenige Worte, wenn wir uns über unsere ästhetischen Kriterien verständigen wollen.

Da gibt es ein profundes Einverständnis. Doch auch die Notwendigkeit, sich abzugrenzen, um sich dann gegenseitig wieder überraschen, beflügeln und ergänzen zu können.

„Wie kommt man auf solche Ideen?"

Diese Frage hören wir am häufigsten, und wir spüren: Da wird eine griffige Antwort erwartet, sozusagen ein Rezept. Das aber haben wir nicht. Wir müssten über das Verhältnis von Inspiration und Routine sprechen, über Versuche und Irrtümer, über Sackgassen und Umwege. Über das Vertrauen in die eigene Intuition, das wir brauchen, wenn sich einmal nichts mehr bewegt. Über das Gefühl, dass wir eigentlich gar keine Ideen haben, sondern die Ideen zu uns kommen. Über das Fieber, das uns packt, wenn sich eine Spur auftut. Darüber, wie wir auf Resonanzen hören, uns selbst befragen und einer Geschichte so den Boden zu bereiten versuchen. Eine kurze Antwort gibt es einfach nicht.

Im Grunde hat auch jedes unserer Stückchen seine eigene Entstehungsgeschichte. Manche ist kurz, manche lang; manches davon soll auch hier im Buch anklingen – und zu denen sprechen, die sich die Zeit nehmen wollen, etwas mehr über künstlerische Prozesse zu erfahren.

„Wie würden Sie denn Ihr Theater bezeichnen?"

Darüber denken wir selbst schon seit über 20 Jahren nach. Puppentheater, Figurentheater, Miniaturtheater? Wie viele Aspekte sind da nicht miterfasst! Objekttheater, Erzähltheater? Wir waren froh, als wir diese Begriffe fanden, aber dann mussten wir uns belehren lassen, dass sie auch nicht wirklich treffen. Oder es entstand ein neues kleines Stück, das schon wieder über den soeben gezogenen Rand ragte. Wir werden wohl weiter mit dieser unbeantworteten Frage leben müssen.

Am ehesten fühlen wir uns als Erzähler, vor allem da, wo wir auch in unserer Bildersprache traditionelle Formen aufgreifen. Doch unser Projekt ist durchaus weiter gefasst. Wir sehen uns ebenso als Choreographen, Tänzer, Musiker, bildende Künstler und sogar Dichter. Unsere Lust ist es, das Erzählte zu versinnlichen und vielschichtiger wahrnehmbar zu machen. Wir versuchen, die Zwischenräume zu gestalten – durch Klänge, die mehr sind als musikalische Geräusche, und durch Bilder, die die Geschichte eben genau nicht abbilden, sondern noch eine weitere, höhere und tiefere Dimension eröffnen sollen.

Für diese spielerische Beziehung zwischen Wort und darstellerischem Mittel steht im übrigen unser Firmenname „rebus" (= Bilderrätsel).

„Genügt es nicht, die Geschichten einfach nur zu erzählen, ohne Bilder und Figuren, ohne Musik?"

Ja. Es genügt.

Nur begnügen wir uns damit nicht. Es genügt auch, die Passionsgeschichte in der Bibel vorzulesen, nachzulesen. Aber um wie viel ärmer wäre die Welt ohne die Matthäuspassion von Johann Sebastian Bach?!

„Was wollen Sie erreichen?"

„Sie wollen wir erreichen."

Wenn uns früher jemand als Kompliment sagte: „Sie haben das Kind in mir geweckt", dann machte uns das verlegen. Was sollten wir darauf antworten?

Heute glauben wir diesen Satz einfach und freuen uns darüber. Bei der Entwicklung unserer Stücke versuchen wir meist auch, wieder so auf die Welt zu schauen, wie wir es als Kinder vermochten. Daran wollen wir rühren.

„Vollkommenheit liegt nicht in der Erkenntnis, sondern in der Stärke des Ergriffenseins."

So drückt es Thomas von Aquin aus. Wir wären froh, wenn uns ein wenig davon auch mit diesem Buch gelänge.

Pullach bei München, im Frühjahr 2007

DIE KUNST DES ERZÄHLENS

Von Mats Rehnman

— Storytelling, vad är det? Was ist das? Immer wenn ein Geschichtenerzähler diese Frage gestellt bekommt, setzt er mit der vorsichtigen Hoffnung an, sich dieses Mal erfolgreich erklären zu können. Er beginnt vielleicht damit, den Stoff zu beschreiben: Volksmärchen, die er ausgewählt, klassische Mythen, die er untersucht, Sagen und Legenden, die er entdeckt hat.

— Du erzählst also für Kinder? Als Antwort darauf versucht der Erzähler zu beschreiben, wie er arbeitet. Dass er z.B. in Schulen, Bibliotheken und bei Festivals vor den verschiedensten Menschen aller Altersschichten auftritt. Dass er die Geschichten frei aus dem Gedächtnis nacherzählt.

— Du spielst also Theater? Der Erzähler entwickelt nun seine Gedanken, warum dies nicht Theater ist. Er spielt ja keine Rollen, hat keinen festgelegten Text, und kein Regisseur hat die Inszenierung gestaltet. Ganz im Gegenteil: Jeder Augenblick des Erzählens ist einzigartig, weil der Auftritt live und unmittelbar aus der Situation heraus entsteht.

Er verwickelt sich nun immer tiefer in Begründungen, warum storytelling weder Literatur noch dramatische Dichtung ist. Aber wie gewöhnlich gelingt ihm auch dieses Mal keine gute Erklärung. Und zwar nicht, weil ihm die rechten Worte fehlen, sondern weil der moderne Mensch dazu erzogen worden ist, seine Kultur durch gewisse Raster zu betrachten. Man kann sich auch nicht wirklich vorstellen, dass Erzählen ohne einen genau festgelegten Text möglich ist. Und ebenso wenig, dass eine Person, die erzählend auf der Bühne steht, kein Schauspieler ist.

Das beste, was ein Erzähler in diesem Moment tun kann, ist, mit dem Erklären aufzuhören und stattdessen eine Geschichte zu erzählen. Vielleicht entscheidet er sich für ein Tiermärchen oder eine Weisheitsgeschichte, vielleicht aber auch für eine Begebenheit aus der Gegenwart. Während er nun spricht, schaltet der Zuhörer um vom analytischen in bildmäßiges, assoziatives Denken. Allmählich sieht er Figuren und Ereignisse vor sich, die der Erzähler ihm ganz offenbar nicht vorgespielt hat. Und plötzlich lacht er spontan auf, wenn der Erzähler Bemerkungen in seine Geschichte einflicht, die sichtlich aus dem Augenblick heraus entstanden sind. Oft erinnert sich ein Zuhörer dann, dass er an der Bettkante seiner kleinen Kinder damals ganz ähnlich verfuhr. Ja, und die Kinder konnten im Spiel auf dem Boden des Kinderzimmers mit Hilfe von Puppen und Bauklötzen, Worten und Tönen, mit Kreiden und Papier Geschichten erfinden. Da gab es ganz offensichtlich weder Text noch Regie. Was da entstand, war spontan geboren aus dem Zusammenspiel der Geschwister. Und es war etwas, das ein starkes Gefühl von Eingebundensein, Gemeinsamkeit und Freude schuf.

Die mündliche Erzählkunst lebt von Anbeginn unter den Menschen. Sie ist so eng mit unserem Ursprung verbunden, dass sie noch heute einen Teil von uns ausmacht. Literatur und Theater haben sich eines Tages daraus entwickelt. Nun ist die Menschheit in der modernen Massenkulturgesellschaft aufgegangen, Medien und moderne Technik decken uns ein mit einem nie versiegenden Fluss an Informationen und verändern unsere Vorstellung von Kommunikation.

Doch das Erzählen lebt in unseren lokalen Kulturen weiter. Gerne lauschen wir in der Arbeitspause einer witzigen Geschichte über einen Politiker. Am Abend erzählen wir unserer Liebsten, was an diesem Tag geschah. Beim Therapeuten und Seelsorger erzählen wir unser Leben, und bei der Beerdigung teilen wir untereinander Erinnerungen an den Verstorbenen. Unseren Kindern erzählen wir von unserer eigenen Kindheit, und für den neuen Kollegen gibt es Anekdoten vom Arbeitsplatz, damit er versteht, wie die Sache hier abläuft.
Die Erzählung als Form existiert also immer noch. Zwar wurden viele traditionelle Stoffe von Literatur und Film übernommen. Kinder haben heute eine Sammlung von CDs mit Aufnahmen, in denen Schauspieler Grimms Märchen oder griechische Mythen lesen. Im Videoregal finden sich Zeichentrickfilme wie „Die Schöne und das Biest", „Aschenputtel" und „Schneewittchen". Vielleicht lesen ihnen ihre Eltern oder Lehrer manchmal Sagen vor. Aber nur sehr selten erleben sie das, was in traditionellen Gesellschaften eine Selbstverständlichkeit war – und ist, nämlich, dass ältere Menschen den Schatz ihrer Kultur mündlich weitergeben. Dass man sich in

Afrika bei Anbruch der Dämmerung mit Familie und Nachbarn zusammensetzt und gemeinsam dem Märchen von der frechen Spinne Anansi zuhört. Oder dass sich ein ganzes Dorf in Indien mit Mann und Maus zum Festplatz begibt und Nacht für Nacht dem großartigen Epos „Mahabharata" lauscht.

Die mündliche Erzählkunst ist also eine ursprüngliche Kulturform; eine Reihe Künstler in der gesamten westlichen Welt hat sich daran gemacht, sie zu erforschen. Seit Mitte des 19. Jahrhunderts ist in vielen Ländern so etwas wie eine Erzähler-Bewegung entstanden. Man sammelt Geschichten, schafft Bühnen und Festivals, man versucht sich an unterschiedlichen Auftrittsformen. Das ist ein dynamischer Prozess, in dem ständig neue Ideen und Anwendungsformen entstehen.

Man entwickelt die sozialen Aspekte des Erzählens: Wie können traditionelle Geschichten in einer modernen Gesellschaft erzählt werden? In welchem Zusammenhang können neue Erzähltraditionen entstehen? Wie hängen Unterricht und Erzählen zusammen? Wie bricht man eine von Passivität bestimmte Publikumskultur auf und schafft eine Mitwirkerkultur? Wie kann sich ein multikulturelles Milieu durch mündlichen Austausch weiterentwickeln?

Oder man vertieft sich in die künstlerischen Aspekte: Wie sehen Rhythmik und Musikalität von Volksagen aus? Aus welchem Stoff kann man die Bilder der Erzählung weben? Wie können Körper und Bewegung mitwirken? Wie entwickelt man die Interaktion mit dem Publikum?

In dieser Entwicklung gibt es Bühnenkünstler, die besonderes Interesse wecken.

Jörg Baesecke und Hedwig Rost gehören seit langem zur vordersten Linie professioneller Erzähler, die mit einer starken Verankerung in älteren Formen neue Erzählstrategien schaffen. Ihre Kunst kann man zum Beispiel als minimalistisch bezeichnen: Mit einzigartiger Präzision und Ökonomie können sie ein ganzes Epos in wenigen Minuten erzählen. Sie lässt sich aber auch als poetisch betrachten: Jörg und Hedwig führen Worte und Schweigen zusammen, verbinden Bewegungen und Objekte zu messerscharfen Bildserien. Und man kann sie als polyphon beschreiben: In ihren Aufführungen erlebt man sehr viel mehr als nur das gesprochene Wort.

Zu allen Zeiten griffen Erzähler auf Gebrauchsgegenstände aus ihrem alltäglichen Umfeld zurück. Man hat Werkzeuge und Früchte zum Leben erweckt, hat in Sand gezeichnet, hat Rhythmen an das Essgeschirr geschlagen und Figuren mit den Händen gestaltet. Dies alles haben Jörg und Hedwig zur Vollendung gebracht. Mit

Verspieltheit, Humor und in einem teuflisch genauen Timing beziehen sie Gurken, Geigenbögen, Tusche, Papier, Schnüre und andere Dinge mit ein. Sie zeigen, welche Töne auf der Geige die Worte ersetzen können. Sie vermögen mitten im Satz von der Sprache der Zunge zu Handzeichen überzugehen. Bei ihnen kann ein Faden oder ein teilweise zerrissenes Papier die Hälfte der Geschichte übernehmen. Auf diese Weise schaffen sie eine Erzählkunst, die auf viele Arten grenzüberschreitend ist. Zunächst buchstäblich: Ihre Art zu erzählen ist so sinnlich, dass sie sich in vielen Sprachen und in vielen Kulturen verständlich machen können. Aber auch bildlich: Sie zeigen, dass Sprache nicht nur aus Worten besteht, sondern ebenso sehr aus visuellen und akustischen Zeichen.

Jedesmal, wenn ich sie auf der Bühne sehe und ihnen durch die Windungen der Geschichte folge, erlebe ich diese glückliche Verspieltheit und Nähe, diese Gestaltungslust und den Dialog, den nur wirklich großzügige Künstler anbieten können. Künstler, die sagen: Wir selbst freuen uns daran, und wir freuen uns, dass gerade du diese Freude mit uns teilst. Vi gläder oss åt detta, och vi gläder oss åt att just du är med!
Das ist große Kunst, mit leichter Hand vorgetragen.

*Mats Rehnman ist
Geschichtenerzähler,
Autor und Buchillustrator.
Von ihm stammt auch
die Erzählvignette in
diesem Text. Er lebt in
Stockholm und leitet dort
das von ihm begründete
Erzählkunstfestival FABULA.*

GESCHICHTEN INS HEUTE HOLEN

Von Kristin Wardetzky

„Ich habe versucht, die alten Buchstaben mit den Sinnen neu zu lesen. Nachzufühlen, nachzuhorchen, was sie sagen und wie sie es sagen." So kommentiert Klaus Reichert seine vor wenigen Jahren erschienene Übertragung des Hohenliedes Salomos, und er will damit seinem Leser etwas von dem wieder-geben, was ihn selbst „in diesen Zeilen immer neu in Atem hielt".

Treffsicherer kann ich nicht beschreiben, was ich erlebt habe bei den Auftritten der Kleinsten Bühne der Welt oder in Solo-Performances von Jörg Baesecke: den alten Texten nach-sinnen, ihrer Eigentümlichkeit nach-spüren, sie wieder-geben und weiter-geben aus Begeisterung, aus Liebe, aus Respekt gegenüber einem zeitlos lebendigen Sinnpotenzial. Was man vom rebus-Paar, von Hedwig Rost und Jörg Baesecke lernen kann, ist zum einen die Genauigkeit und Gründlichkeit, mit der sie sich alter Geschichten „bemächtigen", sie ins Heute holen ohne auch nur einen Hauch des Restaurativen. Ihre Geschichten, die zu einem Gutteil aus einer weitestgehend verstummten oralen Tradition stammen, fangen an zu reden, zu singen, zu tanzen, zu weinen, zu lächeln – aus dem In- und Miteinander von Mund und Hand, Papier und Licht entstehen Welten, in denen die Zeiten ver-rückt sind: Das Heute spiegelt sich in der Vergangenheit, die Vergangenheit bricht ins Heute ein.

Das rebus-Paar ist ein Wort- und Fingerkünstlerpaar. Ihren Fingerkuppen zuzuschauen, wie sie Papier, Fäden, Flaschenbürsten, Eierschneider, Streichhölzer etc. beseelen, das ist ein Fest fürs Auge, ein Appell an die Phantasie. Das profane Material verwandelt sich in skurrile, heroische, bemitleidenswerte, dreiste, schüchterne, schauerliche, verzagte, lautere, betörende Wesen, die in unseren Köpfen, in unserer Erinnerung weiterleben.
Das Wort, im Verbund mit animierendem Hände-Spiel und mit Musik, verknüpft Kulturen, Diesseits und Jenseits, Fiktion und Realität, und es lässt uns aufhorchen, hell auflachen ob all der obskuren Komik, die uns da geboten wird, und wieder stumm werden und staunen ob der Virtuosität, mit der hier aus kalkulierter Einfachheit Fülle und Überwältigung entsteht.

Dr. Kristin Wardetzky ist Professorin am Institut für Theaterpädagogik der Universität der Künste in Berlin.

EINZIG-ART

Von Ben Haggarty

Der große Unterschied zwischen Geschichtenerzählen und Theater liegt in der Frage, wo eine Geschichte stattfindet. Im Theater wird sie in der Regel als Schau-Spiel wahrgenommen, das sich vor den Augen der Zuschauer enthüllt. Die Augen richten sich nach außen. Beim Erzählen erscheint die Geschichte in der Phantasie der Hörer. Die Augen sind nach innen gewandt.

Einzig Jörg Baesecke und Hedwig Rost arbeiten irgendwo zwischen diesen beiden Szenarios. Sie zeigen etwas, während sie erzählen, und doch ist das nie die ganze Geschichte; es begnügt sich mit der Andeutung und lässt dem Zuhörer Raum, die Erfahrung in seiner inneren Bilderwelt zu ergänzen.

Ihre Arbeit ist kunstvoll, subtil und steht klar im Dienst der Geschichte, die sie erzählen. Die Geschichte wird nie dazu missbraucht, um pfiffige Tricks zu zeigen; man fühlt, dass die beiden voller Spielfreude mit etwas umgehen, das sie zugleich voll und ganz respektieren.

Die meisten Erzähler gebrauchen hauptsächlich Worte als Mittel, um die Welt der Geschichte in eine kommunizierbare Form zu bringen. Diese zwei aber haben mit großem Charme ein anderes Medium gefunden, das das Geheimnis der gleichzeitigen Erfahrung einer inneren und äußeren Welt eröffnet.

Ben Haggarty ist Bühnenerzähler und gilt als Mitbegründer einer neuen Erzählbewegung in England. Er ist künstlerischer Leiter des Erzählprogramms „Crick Crack Club" in London und des Erzählkunstfestivals „Beyond The Border" in Wales.

DIE KLEINSTE BÜHNE DER WELT

Miniaturtheater mit Alltagsgegenständen

Das Hemd des Kapitäns

Das Waldmännlein

Der Mäuserich und seine Tochter

Ein Sommernachtstraum

Der Junge, der sich beim Tod Brot lieh

Die „Kleinste Bühne der Welt" wird aus einem Handkoffer aufgebaut und ist 24 x 36 cm groß. Der Kofferdeckel bildet die Bühnenfläche, der Kofferboden den Hintergrund. Dazu wird ein Bühnenportal mit rotem Vorhang aufgestellt. Wir (bzw. einer von uns) spielen im Sitzen und haben die Bühne auf dem Schoß. Beim Erzählen der Geschichten schaffen wir mit Hilfe von Alltagsgegenständen Bilder. Auch die handelnden Figuren werden von Dingen des Alltags verkörpert.

Für dieses kleine Koffertheater haben wir ca. 30 kleine Geschichten entwickelt. Es sind die ältesten Stücke in diesem Buch.

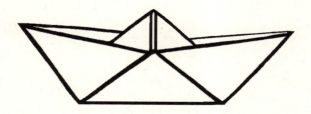

DAS HEMD DES KAPITÄNS

Die erste Geschichte

Unsere Programme mit der Kleinsten Bühne der Welt beginnen ganz ritualisiert. Die Geige spielt in kräftigen Akkorden die Eröffnungsmusik (Dank an Anton Dvorak!). Das abgeschabte kleine Köfferchen wird aufgeklappt, der Messingrahmen mit dem kleinen Vorhängchen hochgestellt, das Glöckchen läutet einmal, zweimal, dreimal...

Der Vorhang öffnet sich. Zu sehen ist ein weißes Papierschiffchen, das auf einem Tuch mit blau-weißem Wellenmuster steht, ein Stein als Klippe, im Hintergrund eine kitschige 3-D-Postkarte mit einem großen alten Segelschiff. „Was ihr hier seht..."

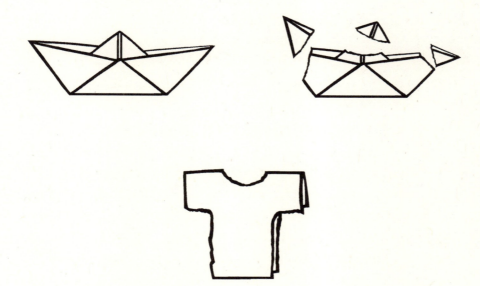

Das ist im Grunde schon die ganze Geschichte. Ein Papier- und Reißtrick. In vielen Ländern ist er uns schon begegnet, immer in etwas anderem Gewand.

Die Handlung, die wir unterlegen, ist kaum mehr als dies:

Was ihr hier seht, ist das Piratenschiff „Seetiger" – randvoll beladen mit Schätzen. Eine plötzliche Sturmböe bricht dem Schiff den Mast ab. Von einer Riesenwelle wird es auf ein Riff geworfen, der Bug bricht ab. Die nächste Welle – das Heck bricht ab. Das Schiff versinkt mit Mannschaft und Schätzen.
500 Jahre später. Schatztaucher suchen nach dem Wrack. Am Grunde des Meeres finden sie nur noch – das Hemd des Kapitäns.

Es könnte aber auch heißen:

DER BETRUNKENE LOTSE

Der Lotse hat zu tief ins Glas geschaut. Steuert das Schiff unter einer zu niedrigen Brücke durch: Mastbruch. Rammt die Kaimauer: Bug bricht ab. Volle Kraft zurück, rammt andere Kaimauer: Heck bricht ab.
Der Kapitän: „Du hast mich ruiniert – bis aufs letzte Hemd!"

oder:

DER KURZSICHTIGE KAPITÄN

(Bitte selbst ergänzen)

....

....

....

....

....

....

WAS IHR HIER SEHT

Wir haben das Schiffchen sicher schon weit über 1000mal scheitern lassen. In vielen Aufführungen dient es als Eröffnungsstück und leistet uns dabei gute Dienste.

Wie mit einem Posaunenstoß machen Bühnenbild und Geschichtchen die Spielregeln klar: Hier wird erzählt, es gibt auch etwas zu sehen (und zu lachen!), und das Bühnenbild will keine Illusion herstellen. Es erzählt seine eigene Geschichte.

Wer das kleine Kunststück schon kennt, mag diesen Absatz überspringen. Also – zunächst wird der „Mast" des Schiffchens abgerissen, dann die vordere und die hintere Spitze. Oder umgekehrt. Die Fetzen fliegen. Der verbliebene Rumpf wird zerknüllt und unter dem Tuch „versenkt".

Im 2. Akt („500 Jahre später!") geht es dann auf die Suche: Tatsächlich ist durch Abreißen der Schiffsteile die Form eines Hemdes übriggeblieben. Dies mag verblüffen, kann aber ganz leicht selbst ausprobiert werden, vorausgesetzt, man kennt noch die gute alte Kulturtechnik des Schiffchenfaltens.

Das Stück bekommt aber erst dadurch Witz, dass wir es zu zweit und mit Tempo erzählen. Ich verstecke mich zunächst hinter Jörg, tauche auf, um ihm ins Wort zu fallen, greife ein, gehe mit dem „Seetiger" wieder unter. Nach und nach entspinnt sich zwischen uns ein Wettstreit um die Entdeckung des Wracks. Absurd, wenn man sich dazu das Format der Bühne und die Größe des Schiffchens vorstellt. Jörg lässt dabei regelmäßig Haare, aber dafür ist er es, der die Reste finden darf.

Dieses kleine Stück erweist sich als hilfreich, um unserem Publikum Augen und Ohren zu machen. Es ist in dieser Funktion mit dem sogenannten Vormärchen vergleichbar, wie es uns weiter unten beim „Raben, der jemanden glücklich machen wollte" begegnet. Ist das Hemd erst gefunden, dann können wir uns gemeinsam in ganz andere Tiefen und Höhen begeben.

Und noch eine Nachbemerkung: Ein englischer Kollege berichtete uns davon, er hätte einmal jemanden erlebt, der mit diesen Fetzen, also mit Mast, Bug und Heck, weiterspielte und -erzählte. Dabei sei schließlich aus den Papierresten das Wort „hell" = Hölle entstanden. Leider hatte sich unser Kollege den Trick nicht gemerkt. Das war für Jörg ein Impuls, selbst weiter mit den Fetzen zu experimentieren, Bilder zu suchen und passende Geschichten. Daraus entstanden die „ENGEL IN FETZEN", ein Programm mit chassidischen/ostjüdischen Geschichten.

Die bloße Hoffnung also, wir könnten da ein kleines „Höllen"-Kunststück entdecken, weckte in uns eine starke inspirierende Kraft. Eine solche Wirkung erhoffen wir uns auch für unsere Leser an den Stellen, wo wir unsere Darstellungsweisen nicht bis ins letzte Detail schildern.

Jahre später sind wir übrigens doch noch auf die Lösung gestoßen, die aber mit Hemd und Schiffchen gar nichts zu tun hat. Was wäre uns entgangen, wenn wir den Weg zur „hell" schon gleich am Anfang kennengelernt hätten?

H.R.

DAS WALDMÄNNLEIN

Märchen aus Ghana

Es war einmal ein Mann. Der Mann hatte einen Acker. Der Acker lag auf einem Hügel weit draußen vor dem Dorf. Rund um den Hügel herum standen Palmen, und hier pflegte sich der Mann an heißen Tagen süßen Palmwein zu zapfen. Mit dem Palmwein löschte er dann seinen Durst.

Eines Tages aber schien ein Dieb dagewesen zu sein, denn als der Mann auf die Palme stieg, fand er die Schale leer, leer bis auf den letzten Tropfen. Der Mann war nun sehr zornig, denn er musste den ganzen Tag bei seiner Arbeit großen Durst leiden.

Ein paar Tage später arbeitete der Mann wieder auf seinem Feld und pflügte seinen Acker. Von der Arbeit bekam er Durst. Also stieg er auf die Palme. Aber da fand er die Schale wieder leer! Der Mann wurde nun erst recht zornig und fing an, laut zu schimpfen und den Dieb lauthals zu verwünschen.
Da stand plötzlich, wie aus dem Boden geschossen, ein kleines dürres Waldmännlein vor ihm.
„Schimpf doch nicht so, und sei mir nicht böse! Ich bin kein Dieb. Ich habe zwar deinen Palmwein getrunken, aber dafür will ich dich auch reich belohnen!"
Der Bauer war natürlich erstaunt, aber da er ein gutes Herz hatte, sagte er freundlich:
„Ach, du kleines dürres Waldmännlein, was kannst du mir denn schon geben? Du hast doch selber nichts. Wenn du gern Palmwein trinkst, dann zapfe ich mir eben eine neue Schale und gebe dir auch etwas davon ab. Und damit lass es gut sein!"
Das Waldmännlein schüttelte den Kopf:
„Nein, nein, du hast eine Belohnung verdient, und die sollst du auch bekommen! Du musst nämlich eines wissen: Ich habe ein Zaubermittel! Wenn ich dir das in die Ohren streiche, dann kannst du die Sprache der Tiere verstehen."
Und ganz sanft und sacht strich das Männlein dem Bauern eine Salbe ins Ohr, erst in das eine, dann in das andere.

Schließlich sagte es:

„Wenn du aber einer Menschenseele verrätst, dass du die Sprache der Tiere verstehst,
dann verwandle ich dich auf der Stelle auch in ein Waldmännlein! Merk dir das für
alle Zeiten!"

Kaum hatte es diese Worte gesprochen, da war es verschwunden. Es war, als hätte es
der Erdboden verschluckt.

Der Bauer schüttelte den Kopf und arbeitete weiter auf seinem Acker bis zum Abend.
Müde kehrte er dann in sein Dorf zurück. Er setzte sich vor seine Hütte ans Feuer
und sah den Hühnern zu, wie sie in der Erde nach Käfern und Würmern scharrten.
Auf einmal kam der Hahn angeflattert:

„Hier dürft ihr nicht scharren! Hier dürft ihr nicht scharren! Wisst ihr nicht, dass hier
ein Topf mit Gold vergraben ist? Oder wollt ihr etwa, dass der Bauer den findet?"
Der Bauer hatte jedes Wort verstanden. Er jagte die Hühner und den Hahn weg und
fing an, vor seiner Hütte zu graben. Und tatsächlich – da fand er einen Topf, voll mit
Goldstücken! Er schaute sich um. Niemand hatte ihm zugesehen. Da grub er den
Topf schnell wieder ein, merkte sich die Stelle genau und erzählte keinem Menschen
davon.

Ein paar Tage später sagte die Frau des Bauern zu ihrem Mann: „Meine Base im
Nachbardorf heiratet. Wir sind auch eingeladen. Ich weiß schon, was wir als Geschenk
mitbringen! Meine Base isst doch so gerne Knödel. Ich koche einen großen Topf mit
Knödeln, und den nehmen wir mit."

So geschah es auch. Am Hochzeitsmorgen hatte die Frau einen großen Topf mit
Knödeln gekocht. Sie nahmen den Topf in ihre Mitte und machten sich auf den Weg.
Der Tag war heiß, der Topf war schwer und der Weg war lang. Die beiden wurden
müde, und als da am Wegrand eine Gruppe Palmen stand, beschlossen sie, im Schatten
der Palmen ein kleines Schläfchen zu halten. Rasch waren sie eingeschlafen.

Als erstes wachte die Frau wieder auf. Sie verspürte großen Hunger, langte sich aus
dem Topf einen, zwei, drei Knödel heraus und aß sie mit großem Behagen auf.
Als nächstes wachte der Mann auf. Er merkte sofort, dass von den Knödeln im Topf
welche fehlten.

„Hast du von dem Hochzeitsgeschenk gegessen?" fragte er seine Frau.

„Ich schwöre hoch und heilig, ich bin es nicht gewesen. Bestimmt waren es die Mäuse! Ja, die Feldmäuse haben von den Knödeln gegessen!"

Der Mann mochte das nicht glauben, denn er fand bei dem Topf nirgends ein Bröckchen, nirgends ein Krümelchen und nirgends eine Mäusespur.

Aber was war das? Da saßen am Wegrand zwei Feldmäuse und unterhielten sich über den Vorfall.

„Jetzt hör dir das an," sagte die eine der Mäuse, „da lügt die Frau ihrem Mann vor, wir hätten von den Knödeln gegessen. Dabei ist sie es doch selbst gewesen!"

Der Mann hatte wieder jedes Wort verstanden, aber er sagte nur: „Hmm, hmm!"

„Warum hast du eben hmm, hmm gemacht?" fragte seine Frau.

„Ach, das hat nichts zu bedeuten. Ich habe mich nur geräuspert."

Doch das wollte seine Frau nicht glauben, und es ließ ihr keine Ruhe mehr. Warum hatte ihr Mann hmm, hmm gemacht?

Endlich kamen sie im Nachbardorf an. Die Hochzeitstafel war schon gedeckt, und die Hochzeitsgäste waren versammelt. Die Frau aber wollte immer noch wissen, warum ihr Mann vorhin hmm, hmm gemacht hatte. Sie redete den anderen Hochzeitsgästen zu, ihn danach zu fragen.

„Warum hast du vorhin hmm, hmm gemacht?"
„Warum hast du vorhin am Wegrand hmm, hmm gemacht?"
Der Mann wurde immer mehr bedrängt und sagte schließlich:
„Gebt euch keine Mühe und lasst mich bitte in Frieden! Ich kann es euch nicht sagen."
Aber die Frau und die Verwandtschaft ließen nicht locker.
„Warum hast du vorhin hmm, hmm gemacht?"
„Warum hast du vorhin am Wegrand hmm, hmm gemacht?"
„Warum hast du vorhin am Wegrand unter den Palmen hmm, hmm gemacht?"

Schließlich verlor der Mann die Geduld und verriet sein Geheimnis.
„Ihr müsst wissen, ich verstehe die Sprache der Tiere. Vom Hahn und den Hühnern erfuhr ich von einem Topf mit Gold, der vor unserer Hütte vergraben liegt. Und die Mäuse am Wegrand verrieten mir, dass nicht sie die Knödel gegessen haben, sondern meine Frau, und dass sie mich anschließend belogen hat!"

Kaum hatte er das gesagt, da begann er zu schrumpfen und zu schrumpfen, und vor der Hochzeitsgesellschaft stand – ein kleines dürres Waldmännlein. Husch! war es zwischen den Bäumen verschwunden. Niemand hat es mehr wiedergesehen.

Seit der Zeit versteht kein Mensch mehr die Sprache der Tiere.

Nach: Josef Guter „Der König der Raben – Zaubermärchen aus elf Ländern", Frankfurt 1984

HMM – HMM!

Wer die Sprache der Tiere versteht, kann zwar mitunter Schätze finden, sich aber auch jede Menge Ärger einhandeln. Und was geschieht, wenn man sein Geheimnis preisgibt? In den meisten Fassungen dieser Geschichte droht einem der Tod, etwa im sizilianischen Märchen oder dem aus Tausendundeiner Nacht. Was macht dort der bedrängte Mann? Er folgt einem Rat des Hahns, verprügelt seine Frau und entgeht so dem Sterben – und den Fragen.

Diese Geschichte kommt aus Ghana, und es ist vorstellbar, dass hier der Erzähler bei der Darstellung des Hochzeitsfests innehält und – in der Tradition der „Dilemma Stories" – mit seinen Zuhörern debattiert, wie es nun weitergehen soll. Man tröstet sich dann vielleicht mit dem Gedanken, dass der Mann als Waldmännlein ein gutes Leben hat und die lästige Verwandtschaft los ist. Die Frau ist ja wahrscheinlich mit dem Goldtopf gut versorgt.

Gespielt wird die Geschichte mit unserer kleinen Kofferbühne, die wir dafür zu zweit auf dem Schoß haben. Zu zweit erzählen wir auch die Geschichte, deuten in den Dialog-Passagen die Rollen an und haben mit den Händen auf der Bühne zu tun. Eine aufgerichtete Hand steht kurz als Palme da,

palm¹ [pɑ:m] **I.** *s.* **1.** Handfläche *f*, -teller *m*, hohle Hand: *to grease (od.* oil) s.o's ~ j-n ‚schmieren', bestechen; **2.** Hand(breite) *f (als Maß)*; **3.** Schaufel *f (Anker, Hirschgeweih)*; **II.** *v/t.* **4.** betasten, streicheln; **5.** **a)** (in der Hand) verschwinden lassen, **b)** *Am. sl.* ‚klauen', stehlen; **6.** *to ~ s.th. off on s.o.* j-m et. ‚aufhängen' *od.* ‚andrehen'; *to ~ o.s. off (as)* sich ausgeben (als).
palm² [pɑ:m] *s.* **1.** ♀ Palme *f*; **2.** *fig.* Siegespalme *f*, Krone *f*, Sieg *m*: *to bear (od. win) the ~* den Sieg davontragen; → yield 4.

Finger bilden die scharrenden Hühner, aus Fingern und einem afrikanischen Kamm wird der Hahn zusammengesetzt.

Auf der Bühne ist aus umgedrehten halben Kokosnussschalen ein kleines Dorf aufgebaut, die Knödel sind Erdnussflips, der vergrabene Topf (noch eine halbe Kokosnuss) ist gefüllt mit vergoldeten Walnüssen (wie vom Christbaum). Die Mäuse werden von zwei Paranüssen verkörpert, und das Waldmännlein ist wieder eine Kokosnuss. Sie hat noch ihre Haare, die von Natur aus an einem Ende eine Spitze bilden. In den Punkten der Kokosnuss und dieser Haarspitze sieht man ohne weiteres Augen und Nase: das Gesicht des Waldmännleins. Und die Verwandtschaft? Der Hintergrundvorhang hebt sich, und da sind sie alle! Eine Galerie von fünf Schrauben-Nussknackern erscheint, brauchbar natürlich auch als Daumenschrauben. Wenn schließlich alle Finger einer Hand in der Klemme stecken, dann versteht jeder, dass das Geheimnis nicht zu wahren ist. Die letzte halbe Kokosnuss wird wie eine Maske aufgesetzt – da steht dann vor aller Augen ein Waldmännlein. (Ob das Waldmännlein eine Art Zwerg oder ob es ein Tier ist, verwandt etwa mit den Erdmännchen/Streifenmangusten, lässt das Märchen offen – und wir darum auch.)

Man sieht: Unsere „Schauspieler" kommen hier alle aus dem Nuss-Fach. Dieser innere Zusammenhang der Objekte spielt bei den Stücken unserer „Kleinsten Bühne der Welt" eine wichtige Rolle. Warum aber Nüsse? Kurz nachdem wir auf diese Geschichte gestoßen waren, blickte uns in einem Obstgeschäft in der „Langen Reihe" in Hamburg eine Kokosnuss an, mit schwarzen großen Augen und spitzer Schnauze, als wolle sie sagen: „Kennen wir uns nicht?" Wie war nur das Waldmännlein aus Ghana hierher gekommen? Wir nahmen sie aus der Auslage, spielten etwas mit ihr herum und haben sie dann gekauft. Bis heute spielt sie die Titelrolle in unserem Stück.

Fast 20 Jahre später sprach uns bei einem Gastspiel in Hamburg (wir wohnten längst nicht mehr dort) eine Frau an: „Haben Sie nicht damals bei mir in der Langen Reihe eine Kokosnuss mit Gesicht gekauft?" Den Obstladen hatte sie längst nicht mehr, aber die Geschichte war ihr geblieben. Eine solch dauerhafte Wirkung wünscht man sich doch, gerade in unserem Beruf!

DER MÄUSERICH UND SEINE TOCHTER

Märchen aus Griechenland

Es war einmal ein Mäuserich, der hatte eine wunderschöne Tochter. Er wollte sie gern verheiraten, aber weil sie gar so wunderschön war, wollte er sie keinem Mäuserich zur Frau geben.

Wie er so dasaß und nachdachte, sah er am Himmel den Sonnenball glänzen.

„Ich hab's!", sagte er zu sich selbst, „das ist der rechte Bräutigam für meine Tochter."

Und er nahm seine wunderschöne Tochter an der Hand und ging mit ihr zum Schloss des Sonnenkönigs Helios.

„Herr Helios, hier bringe ich dir meine wunderschöne Tochter. Du bist so strahlend, so klar und so mächtig, du sollst sie zur Frau nehmen. Keinem anderen als dir will ich sie geben.."

„Ach", sagte Helios, „es ist mir eine große Ehre, dass du mich für würdig hältst, deine wunderschöne Tochter zu heiraten. Aber um der Wahrheit willen muss ich dir eines sagen: Ich bin gar nicht so mächtig, wie du denkst. Sieh dort die Wolken! Wenn die Wolken sich vor mich schieben und mich verdecken, dann ist es vorbei mit all meinem Glanz und all meiner Macht. Geh zu den Wolken, dort findest du sicher den rechten Bräutigam für deine Tochter."

Dem Mäuserich leuchtete das ein. Er bedankte sich beim Sonnenkönig Helios, nahm seine Tochter bei der Hand und ging mit ihr zu den Wolken.

„Ihr Wolken, hier bringe ich euch meine wunderschöne Tochter. Eine von euch soll sie heiraten. Ich habe gehört, ihr seid so mächtig, dass ihr sogar die Sonne verdunkeln könnt, wenn es euch in den Sinn kommt."

Die Wolken zogen sich zusammen, es kochte und brodelte zwischen ihnen, und schließlich löste sich eine Wolke heraus.

„Herr Mäuserich, wir haben lange darüber nachgedacht, wer von uns würdig ist, deine wirklich wunderschöne Tochter zu heiraten. Aber wir müssen dir etwas sagen. Wir sind nicht so mächtig wie du denkst. Der Nordwind ist viel mächtiger als wir. Wenn der Nordwind angebraust kommt, dann zerstiebt er uns in alle Richtungen, und wir

können nichts dagegen tun. Geh zum Nordwind! Das ist der rechte Bräutigam für deine Tochter!"

Der Mäuserich bedankte sich, nahm seine Tochter und ging mit ihr zum Nordwind. „Herr Nordwind, hier bringe ich dir meine wunderschöne Tochter, denn du sollst sie zur Frau bekommen. Ich habe gehört, du bist so mächtig, dass du sogar die Wolken in alle Richtungen zerstieben kannst, wie es dir gefällt."

Der Nordwind hörte für einen Augenblick auf zu blasen – vor Schrecken, und dann sagte er:
„Herr Mäuserich, es ist mir eine große Ehre, dass du mich für würdig hältst, deine wunderschöne Tochter zu heiraten. Aber bevor wir die Hochzeit abhalten, muss ich dir doch eines sagen. Siehst du den Turm dort in der Ferne? Seit vierhundert Jahren blase ich schon gegen diesen Turm, und der Turm rührt sich nicht von der Stelle. Geh zum Turm, das ist der rechte Bräutigam für deine Tochter!"

Der Mäuserich freute sich, als er den Turm dort so stattlich auf der Erde stehen sah. Er bedankte sich beim Nordwind, nahm schleunigst seine wunderschöne Tochter bei der Hand und sie gingen zum Turm.
Als er dann zu Füßen des Turms angelangt war und sah, wie der Bau in den Himmel ragte, da rief er:
„Herr Turm, endlich habe ich dich gefunden, dich, den allerkräftigsten und aller-mächtigsten auf der ganzen Welt! Du hältst sogar dem Nordwind stand. Du allein sollst meine wunderschöne Tochter zur Frau bekommen."

Der Turm sagte erstmal nichts. Doch dann sprach er:
„Herr Mäuserich, Herr Mäuserich, hörst du den Lärm tief unten in meinen Mauern? Kannst du das hören? Weißt du, was das ist? Mächtige Tiere sind das, Mäuse, die an mir nagen und mich bald umstürzen werden. Stärker und mächtiger als die Mäuse ist keiner auf der ganzen Welt. Nimm dir das zu Herzen und höre nicht drauf, was die Leute dir sagen!"

Der Mäuserich nahm sich das zu Herzen, und er gab seine Tochter einem wunderschönen, starken, stattlichen Mäuserich zur Frau.

VATER UND TOCHTER

Dass sich ein stolzer Vater für seine Tochter nur den stattlichsten und mächtigsten Mann zum Bräutigam wünscht, scheint ein weltweites Phänomen zu sein. Unsere Geschichte stammt aus Griechenland, aber sie ist weit über Europa hinaus verbreitet, bis hin nach China und Korea. Und manchmal sind es auch noch viel mehr Stationen, die Vater und Tochter auf ihrer Suche durchwandern müssen.

Mäuserich und Tochter sind aus Stofftaschentüchern geformt. Hedwig lässt sie von hinten über meine Arme und Schultern spazieren. Die Stationen der Suche werden durch verschiedene Kopfbedeckungen versinnbildlicht. Auf der „Kleinsten Bühne" steht ein Zylinder, und meine Handbewegungen mögen an die eines Zauberers erinnern. Als erstes hole ich ein gelbes Taschentuch mit Knoten an den vier Ecken hervor und setze es mir auf den Kopf. Schon sitzt Herr Helios da. Dann zaubere ich eine Duschhaube aus dem Hut und stülpe sie über das Helios-Taschentuch: die Wolken. Der Nordwind ist eine Rennfahrer-Stoffkappe und der Turm schließlich der Zylinder selbst. Erst wird er mit Schwung aufgesetzt, dann vorsichtig gelüftet. Ein Dutzend weiterer Taschentuch-Mäuse fällt heraus; die schönste tut sich mit der Mäusetochter zusammen, die selbstverständlich aus einem geblümt bedruckten Taschentuch gefertigt ist.

Überall, wo es Stofftaschentücher gab, haben sich auch Anleitungen verbreitet, daraus Tiere zu falten und zu knoten. Die Taschentuch-Maus ist wohl die bekannteste dieser einfachen Tierpuppen. Man setzt sie auf die Innenseite der Hand, mit dem Kopf zum Ellenbogen. Dann tut man so, als würde man sie mit der anderen Hand streicheln wollen. Dabei gibt man ihr mit den (nun verdeckten) Fingerspitzen der unteren Hand einen kräftigen Schubs – und die scheue Maus scheint den Unterarm hochzuspringen. Die obere Hand versucht sie zu fangen – dabei führt sie aber die Maus noch hinauf bis zur Schulter. Ein sicheres Mittel, Kinder eine ganze Weile zu unterhalten!

Immer wieder wenden sich Zuschauer an uns: „Das hat mein Großvater auch immer für uns gespielt, stundenlang! Aber meine Mutter wusste schon nicht mehr, wie man die Mäuse macht." Hier sei also die Anleitung verraten.

J.B.

DIE TASCHENTUCH-MAUS

Ein Stofftaschentuch wird in der Diagonale gefaltet.

Die beiden langen Spitzen des Dreiecks werden nach innen eingeschlagen.

Die nun entstandene Form wird zur Spitze hin aufgerollt.

Die Rolle wird gebogen, so dass die Enden zusammenstoßen, und auf diese Weise zu einem Ring geformt.

Der Zipfel wird über die Stelle gelegt, wo die Enden der Rolle zusammenliegen; dann führt man ihn weiter um diese Stelle herum und rollt dabei die zuvor entstandene Rolle ab und um den Ringschluss herum neu auf. Am Ende kommen die beiden anfangs eingeschlagenen Spitzen wieder zum Vorschein.

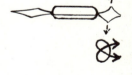

Nun sieht die Form wie ein großes Bonbon aus.
Eine der beiden Spitzen zieht man nun in die Breite und verknotet die aufgezogenen Seiten. Dabei entsteht ein Kopf mit Ohren. Hier braucht man Geduld und manchmal eine Pinzette.
Fertig ist die Maus!

Ein kräftiger Zug an Kopf und Schwanz – und man hat wieder ein Taschentuch.

EIN SOMMERNACHTSTRAUM

Nach William Shakespeare

Die Personen und ihre Darsteller (in der Reihenfolge ihres Erscheinens):

Theseus, König von Athen: *weißer Schach-König*
Hippolyta, Königin der Amazonen, mit Theseus verlobt: *weiße Schach-Dame*
Oberon, König der Elfen: *schwarzer Schach-König*
Titania, Königin der Elfen: *schwarze Schach-Dame*
Viel Regen: *Wäschesprüher*
Amphitheater: *Salatteller*
Pyramus, Liebhaber: *männliche Hälfte einer Gurke*
Thisbe, Geliebte: *weibliche Hälfte einer Gurke*
Wand: *Gurkenhobel*
Mond: *Gurkenscheibe*
Löwe: *Gurkenschäler*
Schwert: *Apfelaushöhler*

Vor langer, langer Zeit lebte in Athen ein König mit Namen Theseus.

König Theseus wollte heiraten – und zwar die Königin der Amazonen, Hippolyta.

Die Hochzeit sollte – wie man das von Fürstenhochzeiten kennt – ein riesiges, rauschendes Fest werden, mit Musik, Theater, Tanz, Umzügen, Feuerwerk, Lamm am Spieß, Gyros, Souvlaki, Krautsalat... und allem, was man sich in Athen nur träumen konnte.

Das ganze Volk war eingeladen, und weil der königliche Palast für all die vielen Menschen zu klein war, musste das Fest unter freiem Himmel draußen im Park stattfinden.

In jenem Sommer aber war es so: Es regnete und regnete und regnete. Das Fest musste verschoben werden, immer und immer wieder, und mit dem Fest natürlich auch die Hochzeit, denn eine Königshochzeit ohne großes Fest ist doch undenkbar! Warum hat es in jenem Sommer vor langer, langer Zeit so furchtbar geregnet? Das kann ich euch erzählen, gut aufgepasst!

Im Elfenreich herrschte Krieg. Oberon, der König der Elfen, und Titania, die Königin der Elfen, hatten sich miteinander verkracht, zerstritten – und nun führten sie Krieg. Das war aber kein Krieg, wie wir ihn kennen, kein Krieg mit Panzern und Gewehren, nein! Das war ein Krieg mit Unwetter, Donner, Hagel, Blitz, Schnee, Kälte, Sturm und – Regen. Es regnete und regnete und regnete.

Warum die beiden sich zerstritten hatten? Auch das ist schnell erklärt:
Kurz nach der Verlobung von Theseus und Hippolyta kam heraus, dass Oberon früher mal was mit Hippolyta und Theseus früher mal was mit Titania hatte...
Aber das spielt hier keine Rolle, es regnete und regnete und regnete in jenem Sommer und die Hochzeit konnte und konnte nicht stattfinden.

Unserem Brautpaar wurde die Wartezeit lang, sehr lang, langweilig. Das ganze Volk von Athen war aufgefordert, die beiden zu zerstreuen und über den ewigen Regen hinwegzutrösten.
Eines Abends nun waren die Gärtner und Köche des Palastes an der Reihe. Sie hatten fürs Amphitheater ein kleines Theaterstück einstudiert – das war:

„Die komische Tragödie und tragische Komödie von Pyramus und Thisbe"

Erster Akt – In Ninive

Vor vielen tausend Jahren lebte in der Stadt Ninive im fruchtbaren Zweistromland ein starker, stattlicher, kühner und ansehnlicher junger Mann mit Namen Pyramus. Haus an Haus mit Pyramus lebte ein wunderschönes, zauberhaftes und anmutiges junges Mädchen mit Namen Thisbe. Die beiden waren füreinander wie geschaffen. Mehr noch: Sie waren ineinander so verliebt, wie man das nur sein kann.
Aber leider – die Eltern der beiden waren miteinander verfeindet, aufs Schlimmste verfeindet. Als sie von der Liebe der beiden erfuhren, da bauten die Eltern zwischen die beiden Häuser, zwischen die beiden Gärten eine hohe, hohe Mauer – und so konnten die beiden Liebenden nicht mehr zueinander kommen.
Aber – wahre Liebe findet immer einen Weg!
Eines glücklichen Tages entdeckten die beiden Liebenden in der Mauer einen schmalen Spalt. Von nun an verbrachten sie Stunden und Stunden, die Lippen an diesen Spalt gepresst, um sich zärtliche Liebesworte zuzuflüstern.

> „Geliebte Thisbe mein,
> Uns trennt die böse Wand.
> Trotz heißer Liebesglut
> Ist sie doch nicht verbrannt.
> Darum auf freiem Feld
> Bei sanftem Mondenschein
> Will ich dich schließen fest
> In meine Arme ein.
> Vor'm Tor der Stadt heut Nacht
> Sollst du mich treffen an."

> „Geliebter Pyramus,
> Sei's lebend oder tot –
> Ich komme, wenn ich kann."

Ende des ersten Akts, kurze Umbaupause.

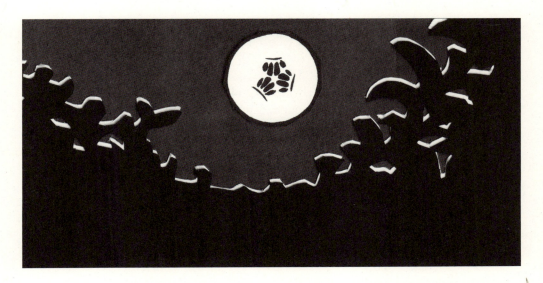

Zweiter Akt – Nacht vor dem Stadttor von Ninive. Der Mond steht hoch am Himmel.

Thisbe tritt auf, aber wo bleibt Pyramus? Er verspätet sich!
Doch statt des heiß erwarteten Geliebten kommt aus dem Gebüsch ein blutrünstiger
junger Löwe angeschlichen. Er stürzt sich auf das Mädchen und reißt ein Stück aus
ihrem Mantel. Thisbe schreit auf und stürzt davon...
Jetzt endlich erscheint Pyramus. Aber von Thisbe ist nichts zu sehen. Oder doch? Was
sieht er da am Boden liegen? Ein Stück aus ihrem Mantel! Deutlich erkennt er die
Spuren von Löwenkrallen, von Löwenklauen.

> „Warum nur, o Natur, tatst du den Löwen bauen?
> Weil solch ein schnöder Löw' mein Lieb' hat defloriert.
> Sie, welche ist – nein, war – die schönste aller Frauen,
> Die je des Tages Glanz mit ihrem Schein geziert.
> Komm, Tränenschar!
> Aus, Schwert! durchfahr
> Die Brust dem Pyramus!"

Und er stürzt sich in sein scharfes Schwert.

Wenig später hat Thisbe wieder Mut gefasst und kehrt zurück vors Stadttor von Ninive. Aber was muss sie sehen? Da liegt ihr geliebter Pyramus durchbohrt am Boden, und die Seele liegt daneben!

> „Ach! Tot bist du! O Not!
> Dein Lilienmund, dein Auge rund,
> Wie Schnittlauch frisch und grün.
> O Pyramus, dein Leib ist hin!
> Bald deckt dich kalter Stein.
> O klopf mein Herz und brich!
> O komm mein Schwert und stich!
> Ende das Leben mein!"

Und sie stürzt sich in das scharfe Schwert ihres Geliebten.

Der Mond geht unter, langsam senkt sich der Vorhang und verhüllt ein Bild des Grauens.

Oberon und Titania haben unsichtbar diesem ergreifenden Schauspiel zugesehen. Jetzt sind sie zu Tränen gerührt. Tränenüberströmt fallen sie einander in die Arme, aller Streit, aller Zank ist vergessen.
Im nächsten Augenblick regnet es ein allerletztes Mal – die Sonne bricht aus den Wolken und überflutet ganz Athen mit ihrem goldenen Licht.

Theseus und Hippolyta, König und Königin von Athen, können nun endlich ihr lange ersehntes und so oft verschobenes Hochzeitsfest feiern.

DA HABEN WIR DEN SALAT!

„Wann spielt ihr endlich wieder das Stück mit den Gurken?"
Über viele Jahre war der „Sommernachtstraum" unser meist gefragtes und meist gespieltes Stück.
Entstanden ist es vor langer, langer Zeit in einem sehr verregneten Sommer. Wir wirkten damals in Hamburg bei einem großen Straßentheaterspektakel mit, einer Adaption des Sommernachtstraums für 20 Schauspieler mit Großpuppen, Feuerbildern und Live-Musik. Die Handwerkerszene aber, die Shakespeares Drama ja erst die rechte Würze verleiht, hatte unser Regisseur leider gestrichen.

Als das Großprojekt zu einem Festival nach (damals noch) Westberlin eingeladen wurde, versuchten wir mit unserem kleinen Koffertheater diese Lücke auf eigene Weise zu schließen. So hatte die Sommernachtstraum-Kurzfassung im Juli 1984 vor der Kaiser-Wilhelm-Gedächtniskirche in Berlin Premiere – als kleine Trailershow für das große 20-Personen-Stück.

Straßentheater also: Ein Passant, der noch nie von einem Stück namens „Sommernachtstraum" gehört hat, sollte genau so viel Freude daran haben wie ein profunder Shakespeare-Kenner. Und vielleicht erkennt auch jemand, was die Geige spielt, wenn sich das Schachkönigspaar, gurkenscheibenbekränzt, endlich zum Hochzeitskuss in die Arme sinkt: natürlich den Hochzeitsmarsch aus Mendelssohns „Sommernachtstraum". Zwölf Minuten sind jedenfalls für den Gehsteig gerade eine gute Bühnenstücklänge. Die Hamburger Großproduktion spielte nur einen Sommer lang, unser Gurkenstück aber grünt und lebt...

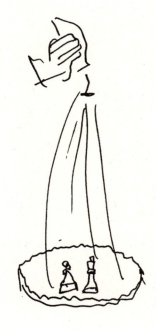

Die Textfassung liest sich wahrscheinlich nicht besonders aufregend. Den Reiz macht die Besetzung aus. Dabei ist doch alles ganz logisch, oder? Wie sollte man eine Wand

mit Spalt anders darstellen als mit einem Gurkenhobel? Wer also sind dann *Pyramus* und *Thisbe*? Na also, das weitere Personal ergibt sich doch von selbst! Und was alles in einer Gurkenscheibe steckt! Hat darin wirklich noch niemand eine Liebesbotschaft entdeckt – in verschlüsselter Schrift natürlich? Und die Flecken im Mond? Und das Zifferblatt einer Uhr? Und die Halskrause eines königlichen Brautkleids?

Ausgerechnet die blutrünstigen Szenen liebt das Publikum oft am meisten. Wenn *Pyramus* und *Thisbe* sich mit dem Apfelaushöhler erdolchen, wenn das grüne Blut spritzt und das Innenleben der Gurken, die Seele zum Vorschein kommt – kernig, schlabberig, oft gebrochen –, dann gibt es doch eigentlich gar nichts zu lachen, oder?

Der „Sommernachtstraum" hat unserem ersten Bühnenprogramm mit der „Kleinsten Bühne der Welt" den Namen gegeben: „Weltklassiker im 10-Minuten-Takt". Damit uns unser Gurkensalat aber auch selbst noch schmeckt, hobeln wir ihn nur noch ein- oder zweimal im Jahr zu besonderen Anlässen. Shakespeare wird nichts dagegen haben.

DER JUNGE, DER SICH BEIM TOD BROT LIEH

Ein schwedisches Zigeunermärchen

Es war und es war nicht. Wäre es nicht geschehen, so würde man es nicht erzählen. Es war einmal ein Mann. Dessen Frau war früh gestorben und so lebte er allein mit seinem kleinen Sohn. Arm waren sie. Der Mann arbeitete, plackte sich ab von früh bis spät, aber das Glück hatte sich von ihnen abgewandt. Sie konnten ihr Leben nur mit Mühe und Not von einem Tag auf den anderen fristen. Und dann, als der Winter begann, wurde der Mann krank. Der Junge pflegte ihn, so gut er konnte, aber dem Vater ging es nur immer noch schlechter.

„Ach, der Tod macht sich schon bereit!" – so sprachen die Nachbarn.

In der Nacht saß der Junge am Bett des Vaters. Der Vater lag und schlief.

„Jetzt hat er schon so lange geschlafen. Wird er nicht bald aufwachen?"

Aber der Vater schlief und schlief, und seine Kräfte schwanden von Stunde zu Stunde.

Da sagte sich der Junge: „Vielleicht hilft es ja, wenn ich etwas Knäckebrot knabbere? Das hört der Vater, wacht auf und will auch etwas zu essen haben!"

Aber im ganzen Haus war nicht ein einziges Stückchen Knäckebrot zu finden.

Der Junge ließ sich nicht entmutigen.

„Vielleicht haben ja die Nachbarn etwas Knäckebrot für mich!"

Er setzte sich seine warme Mütze auf und stapfte hinaus in die kalte Winternacht. Er ging von Tür zu Tür, aber nirgends gab man ihm etwas.

Bald war er in allen Häusern des Dorfes gewesen und hatte doch nichts bekommen. Er wollte schon umkehren, da gewahrte er in der Ferne noch ein Licht. Er ging – und fand ein kleines Häuschen, darin saß ein alter Mann und schärfte seine Sense.

„Guten Tag, lieber Mann!"

„Guten Tag!"

„Was willst du denn mitten im Winter mit einer Sense? Jetzt gibt es doch nichts zu mähen!"

„Meine Ernte reift im Sommer und im Winter."

„Du musst ein sonderbarer Mann sein. Aber sag: Hast du nicht etwas Knäckebrot für mich? Mein Vater liegt nämlich zu Hause und schläft, aber wenn ich Knäckebrot knabbere, hört er das vielleicht, wacht auf und will auch etwas zu essen haben."

„So, so. Vor einiger Zeit kam einmal eine alte Frau hierher. Die ließ etwas Brot hier. Das kannst du nehmen."

„Aber wird sie nicht zurückkommen und es wiederhaben wollen?"

„Nein, das tut sie nicht. Nimm es nur. Und jetzt können wir gehen, wir haben denselben Weg."

Sie kehrten zurück zum Haus des Kranken. Froh kniete der Knabe am Bett des Vaters nieder und fing an, von dem Knäckebrot zu knabbern. Das knisterte und knasterte in der ganzen Stube, aber der Vater wachte nicht auf.

Da sagte der Junge zu dem Mann: „Vielleicht hilft es ja, wenn *du* etwas von dem Knäckebrot knabberst. Vielleicht hört der Vater das ja und wacht dann auf."

Und der Tod nahm das Brot und biss hinein. Das knisterte so herrlich lebendig in der ganzen Stube. Die Sanduhr des Mannes aber rann und rann. Immer leerer und leerer wurde das eine der Gläser und bald war das letzte Sandkorn aus dem Stundenglas herausgelaufen.

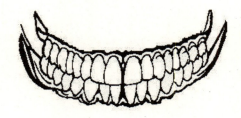

Dem Tod aber schmeckte das Brot so gut. Er aß und aß, und alles um ihn herum war vergessen und versunken. So versäumte er es, mit seiner scharfen Sense just in dem Augenblick zuzuschlagen, als das letzte Sandkorn aus dem Stundenglas herausgeronnen war. Und damit hatte er den rechten Augenblick verpasst.

Langsam wachte der Vater auf. Das Leben kehrte zurück.

„Wie gut sich das anhört, wenn du Knäckebrot knabberst! Gib mir auch ein Stück!"

Der Junge freute sich: „Seht ihr, ich habe Recht behalten. Der Vater ist aufgewacht, und jetzt isst er wieder von dem guten Brot."

WIR HABEN DENSELBEN WEG

Für diese Geschichte haben wir ein Märchen bearbeitet, das aus dem Repertoire eines außergewöhnlichen Erzählers stammt. Johan Dimitri Taikon (1879-1950) war Sippenältester der Kölderascha-Roma; der schwedische Volkskundler Carl Hermann Tillhagen hat dessen Erzählungen in Taikons letzten Lebensjahren aufgezeichnet.

Als uns das Märchen begegnete, hatte Jörg gerade selbst Bekanntschaft mit dem Tod gemacht. Sein Vater lag im Sterben, schlief und schlief, wollte nicht aufwachen und nichts mehr essen. Bis zuletzt hoffte man auf eine Wende, und wie wohltuend war da die Vorstellung, der Tod ließe sich von der Lust am Leben anstecken und mit dem Geschmack des guten Brotes überlisten!
Bei der Umsetzung dieser Geschichte haben wir zunächst gar nicht an öffentliche Aufführungen gedacht. Wir wollten für ein paar Freunde und für unsere Familien spielen, es ging uns darum, dem eigenen Seelenschmerz nachzugehen und ihn zu befrieden. Die kleine Bühne vermochte da einen Raum zu schaffen, der so intim ist wie die Kammer, die der Tod betritt.

Das Leben des sterbenden Vaters – ein aus einem weißen Wollfaden gewirktes, gestricktes Stück Stoff. Im Schein einer Totenkerze liegt es auf der kleinen Bühne und könnte ebensogut das Totenbett sein.
Masche für Masche wird aufgetrennt – der Kranke wird schwächer und schwächer.
Der Junge – ein noch unverbrauchtes Knäuel lebensfroh roter Wolle.
Bedrohlich steht die Schere bereit.

Die Geige spielt Motive aus dem Liederzyklus „Winterreise" von Franz Schubert: eine ergreifende Musik, in der die Todesnähe spürbar ist.

Als der Junge sich auf die Suche nach Brot macht, unterbreche ich mein Spiel und bestreiche den Geigenbogen mit Kollophonium. Für die Geigerin eine alltägliche Handlung. Aber ist da nicht schon der alte Mann, der die Sense schärft?

Wenn der Tod die Stube des Kranken betritt, wird die Schere über dem Faden des Vaters aufgestellt. Gleichzeitig hebe ich den Geigenbogen zum letzten Spiel. Der weiße Faden läuft langsam aus.
Aber dann – nehme ich das Knäckebrot an. Gierig knabbern die entblößten Zähne. Brotstücke und Krümel fallen zu Boden. Wo bleibt auch in einem Totengerippe die Speise?
Die letzten Maschen werden aufgezogen, sie zittern, als würden sie sich noch einmal dagegen aufbäumen. Krachend essen die Zähne weiter. Da beginnt Jörg rasch, den weißen Faden wieder zu einem Knäuel aufzuwickeln. Als schließlich das rote und das weiße Knäuel in seinen Händen liegen, hat die Schere keinen Zugriff mehr. Der Tod hat den rechten Augenblick verpasst.

Es scheint, als gäbe es für den Vater nun einen neuen Anfang. Die Stricknadeln könnten wieder ihr Werk tun.

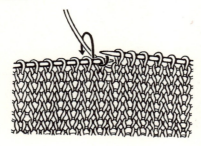

Was wir damals nicht wussten: Wir haben mit diesem Stück das Knäuel für unsere „Kleinste Bühne der Welt" ins Rollen gebracht. Bis dahin fand unsere Arbeit zu einem Großteil auf Stadt- und Straßenfesten statt, wir galten als „Gaukler", als „Walk Act", als „Open Air Event". Dieses Stück wies uns eine neue Richtung; wir begannen, mehr (und andere) Stücke für unser Theaterchen zu entwickeln und wagten uns damit aus dem privaten Umfeld heraus. Heute, über 20 Jahre später, spielen wir den „Tod" immer noch besonders gern.

H.R.

PAPIERTHEATER, BILDERTHEATER

Kamishibai und Verwandtes

Der Affe auf dem Dach

Das Töchterchen Frosch

Das Mädchen und der Mond

Der verlorene Handschuh

Das Kamishibai ist ein japanisches Bildertheater, in dem nicht mit ausgeschnittenen Figuren, sondern anhand von gemalten Bildern erzählt wird, die nacheinander in einem Bühnenrahmen erscheinen.

Dieses Kapitel enthält zwei Geschichten, die in einem solchen Kamishibai erzählt werden, außerdem ein Stück, das in ganz ähnlicher Weise mit Transparentbildern und einer Laterne aufgeführt wird. Die vierte Geschichte wird mit vorher gefertigten Papierfiguren gezeigt.

DER AFFE AUF DEM DACH

Münchner Stadtsage

Mitten in München, ein paar Schritte weg vom Marienplatz, steht noch heute ein altes Gebäude mit einem hohen Dach. Das ist der Alte Hof, vor etwa 750 Jahren erbaut, die erste Residenz der bayrischen Herzöge.

Die Geschichte, die ich erzählen möchte, hat sich vor gut 700 Jahren ereignet, genauer: im Jahre 1283, in München, hier im Alten Hof.

Herzog von Bayern war damals Ludwig der Strenge. Eines Tages bekam Herzog Ludwig ein Geschenk von seinem Bruder, der damals (so glaube ich) in Palästina lebte. Eine große und schwere Kiste war das, und einen weiten Weg hatte sie zurückgelegt. Aber hat sich Herzog Ludwig über das Geschenk gefreut? Nein!
„Was mein Bruder mir da wieder schickt! Und bedanken muss ich mich auch noch! Na – wenigstens sollte ich mal in die Kiste hineinschauen!"

Der Deckel wurde geöffnet, und heraus kam .....

... ein Affe!

Habt ihr gesehen? Ludwig der Strenge! Zum ersten Mal seit Jahren hat er – nicht gleich gelacht, aber immerhin – gelächelt!

Und was soll ich sagen? Im Lauf der Zeit hat er den Affen richtig liebgewonnen! Der Affe wurde so eine Art Hofnarr, wich nicht mehr von der Seite des Herzogs, und Herzog Ludwig lächelte über das, was der Affe anstellte.

Das ging auch eine Zeit lang gut, bis eines Tages...
...bis eines Tages der Herzog einmal seinen Mittagsschlaf hielt. Dazu hatte er natürlich die schwere Krone abgenommen und sich stattdessen seine Schlafmütze aufgesetzt. Da kam der Affe angeschlichen und – machte seine Finger lang.

Für Ludwig gab es ein böses Erwachen! Da saß der Affe auf dem hohen Schrank und hatte seine Krone auf dem Kopf! DIE BAYRISCHE HERZOGSKRONE! Wenn jetzt jemand hereinkommt und das sieht!

„Komm runter, du! – Gib mir die Krone wieder! – Komm sofort runter! – Komm runter, du!" So rief und lockte er eine ganze Zeit lang. Als das nichts half, begann er mit dem Arm zu drohen.
Und was machte der Affe? Was tun Affen besonders gern? Der Affe machte alles nach!
Das ging eine Weile immer hin und her, und der Herzog wurde wütender und wütender. Schließlich, außer sich vor Wut, riss sich der Herzog die Schlafmütze vom Kopf und schleuderte sie zu Boden.

Und was machte der Affe? Der riss sich die Krone vom Kopf und warf sie herunter vom Schrank, genau in die Hände des Herzogs.

Nun hatte Herzog Ludwig zwar seine Krone wieder, aber von dem Affen wollte er nichts mehr wissen:
„Schafft ihn fort! Wohin? Das ist mir völlig gleich, Hauptsache, dass ich ihn nicht mehr sehen muss."
Armer Affe! Jetzt saß er eingesperrt in einer Dachkammer vom Alten Hof. Er hatte eine wunderbare Aussicht über ganz München, aber hatte er so viel Freude daran? Ich glaube eher, dass er Heimweh hatte, Heimweh nach Afrika, nach seinen Freunden, nach seiner Familie. Oder er wartete darauf, dass der kalte Winter endlich vorbeigehen und dass es wieder Frühling würde und warm.

Doch zwei Stockwerke tiefer stand noch jemand am Fenster und schaute hinaus. Das war die Herzogin, Mechthild von Bayern, die Frau Ludwigs des Strengen. Und die wartete nun ganz bestimmt aufs Frühjahr, denn im Frühjahr sollte ihr erstes Kind geboren werden.
Endlich ging der Winter zu Ende, das Frühjahr kam, und mit dem Frühjahr kam auch der große Tag.
„Die Herzogin hat ihr Kind geboren!!"
„Was ist es denn?"
„Ein Sohn!"
„Ein Sohn und Thronfolger!"
„Dann soll er doch auch Ludwig heißen, wie sein Vater!"
Genau so kam es. Das Kind bekam den Namen Ludwig, und alle haben sich gefreut und haben gefeiert, tagelang, wochenlang. Und weil sie alle so fröhlich und festlich gestimmt waren, hieß es:
„Lasst doch den Affen wieder frei! Soll er doch auch bisschen Spaß haben und mitfeiern. Was hat er denn getan? Na also!"
Der Affe wurde tatsächlich wieder freigelassen, und jetzt war sein liebster Platz neben der Wiege, in der der kleine Ludwig lag, und er schaute der Amme zu, die die Wiege schaukelte.

Doch eines Tags ging die Amme für einen kleinen Augenblick aus dem Zimmer, und was geschah da? Der Affe nahm das Kind aus der Wiege, legte es in seinen Arm und schaukelte es – so, wie er es bei der Amme gesehen hatte. Dann stieg er mit dem Kind im Arm aufs Fensterbrett und schwang sich auf das Dach hinaus. Zuletzt lief er ganz oben auf dem Dachfirst entlang.

„Um Gottes willen! Seht, da oben!"
„Ja, ganz da oben auf dem Dach!
Der Affe mit dem Kind im Arm!"
„Der kleine Ludwig! Gott erbarm!
Wenn das der Herzog sieht, gibt's Krach!"

„Ja, was machen wir jetzt?"

„Schnell, holt alle Decken, Kissen, Polster, Matratzen aus dem ganzen Haus und breitet sie hier auf dem Boden aus! Damit dem Kind nichts geschieht, wenn es der Affe loslässt, was Gott verhüten möge!"

Genau so wurde es gemacht. Alle Decken, Kissen, Polster, Matratzen wurden zusammengetragen, und bald war da ein riesiger Berg von Kissen und Decken.

Und die Leute steckten die Köpfe zusammen:

„Warum hat denn der Affe das gemacht?"

„Will er sich rächen am Herzog, weil er so lange eingesperrt war?"

„Nein, der Föhn ist schuld!"

„Oder will er dem Kind einfach nur München von oben zeigen?"

Der Affe kümmerte sich nicht darum. Er sprang froh auf dem Dach herum, und den kleinen Ludwig hielt er immer noch fest im Arm.

„Ja, schön und gut, jetzt haben wir hier die Kissen und Decken liegen, aber am besten wäre es ja, der Affe kommt wieder rein und bringt den Kleinen mit. Wie schaffen wir das denn?"

Da hat jemand eine Idee: Er hält einen Apfel aus dem Dachfenster und versucht, den Affen damit anzulocken. Aber ob das hilft?

Ja, es hat geholfen! Der Affe ist wieder hereingekommen, durch das Dachfenster, und den kleinen Ludwig hält er immer noch fest im Arm.

Er legt ihn sogar in die Wiege zurück.
„He Kleiner, iss doch auch ein Stück!"

Aber plötzlich springt die Tür auf und herein kommt...

... der Herzog Ludwig, weiß vor Wut!
So stürzt er auf den Affen los
und will ihn prügeln bis aufs Blut.
Der Affe schreit, die Not ist groß!
Wie rettet er sich jetzt, o weh?
– Der Affe hat eine Idee:

Mit einem Riesensatz springt er der Amme in den Arm und macht den kleinen Ludwig nach. Er tut so, als ob er auch ein kleines Kind wäre.

Nachmachen kann er ja, das haben wir vorhin gesehen. Aber ob das hilft gegen den wütenden Vater, den strengen Ludwig?
Wenn ihr einmal in München seid, geht doch hin zum Alten Hof und schaut, wie hoch das Dach ist. Dann werdet ihr wissen, wie wütend der Vater gewesen sein muss!
Ich denke, mindestens so:

Doch, es hat geholfen. Herzog Ludwig war gerührt von diesem Anblick, und da hat er dem Affen verziehen. Er hat ihm vergeben, und nicht nur das: Der Affe wurde jetzt der liebste Freund und Spielgefährte seines Sohnes.

Die Zeit verging, viel Zeit. Der kleine Ludwig wurde groß, wurde erwachsen, wurde nach dem Tod seines Vaters neuer Herzog von Bayern, und schließlich sogar Kaiser, Kaiser des heiligen römischen Reiches Deutscher Nation, Kaiser Ludwig der IV., genannt Kaiser Ludwig der Bayer.

Zum Gedächtnis an seinen Freund und Spielgefährten, den Affen, der inzwischen längst tot war – Affen werden ja nicht so alt –, ließ Kaiser Ludwig ein steinernes Standbild aufs Dach der Kapelle im Alten Hof setzen.

Wenn ihr wirklich einmal zum Alten Hof kommt, werdet ihr sehen: Diese Kapelle gibt es nicht mehr. Vor etwa 190 Jahren ist sie abgerissen worden, und damit ist auch der steinerne Affe vom Dach verschwunden. Nun könnte man meinen, es sei nichts übriggeblieben, aber das stimmt nicht. Es ist etwas übrig, und zwar noch heute! Übrig ist –

die Geschichte, die ich euch jetzt gerade erzählt habe und die man sich in München heute noch erzählt, mal so wie ich, mal ganz anders, aber wirklich heute noch.

Und nun hebt die Arme und klatscht in die Hände,
denn die Geschichte ist
zu

AFFENTHEATER

Als München im Jahr 1996 eine Städtepartnerschaft mit Harare/Zimbabwe begründete, durfte ich den Münchner Oberbürgermeister und die Delegation der Stadt begleiten – zur künstlerischen Einrahmung der vorgesehenen Feierlichkeiten. Natürlich: Geschichtenerzähler gibt es nicht nur in Afrika, sondern auch in Bayern – und außerdem passte meine Ausrüstung gut ins Fluggepäck.

Aber was sollte ich in Harare erzählen? Bei der Suche nach einer Geschichte, in der sich München und Afrika begegnen, stieß ich auf die Sage vom Affen im Alten Hof. Ich stellte sie in 32 teilweise beweglichen Scherenschnittbildern dar, für mein kleines Kamishibai (ein japanisches Papiertheater, dazu mehr weiter unten). Erstmals öffentlich erzählt habe ich sie dann auf Englisch, mehr als 8000 km von zu Hause entfernt.

Zusammen mit zwei anderen Münchner Sagen ist später daraus ein kleines Programm entstanden, „StadtTorHeiten“, das ich vorwiegend in Schulklassen aufführe.

Der hier wiedergegebene Text entspricht weitgehend meiner mündlichen Erzählfassung. Sagen sind oft entweder sehr knapp oder romantisch ausführlich und umständlich aufgezeichnet. Mündlichkeit stellt aber andere, ganz eigene Anforderungen an einen Text. Gerade bei Sagen mit ihrem oft einfachen Handlungsgerüst bedeutet es eine gewisse Herausforderung, hier eine sprechbare Fassung zu entwickeln. Ich habe darum auch, um etwas mehr Stoff zu bekommen, die Episode mit der Krone und dem Schrank eingefügt. Sie ist einem englischen Märchen („Ninety Nine Nightcaps“) nachgebildet. Übrigens gibt es auch von dieser Sage verschiedene Versionen. Eine z.B. berichtet, dass ein Schwein in das Schlafzimmer des Kindes eingedrungen war (!) und das Kind zu fressen drohte. Der Affe rettete das Kind, indem er es aus der Wiege und aufs Dach nahm. Das ist zwar schön, aber – wie ich fand – zu menschlich, zu edel. Mir gefällt es besser, wenn das Tier ein Tier bleibt, unerklärlich in seinen Handlungsweisen und Motivationen. Vielleicht solidarisieren sich Kinder darum auch so gern mit meinem Affen. Manchmal macht man halt etwas nur aus Quatsch. Oder wissen Erwachsene immer, warum sie etwas tun? Na also! Dass der Herzog dem Affen vergibt, ist dann um so befriedigender.

Ich vermute übrigens, dass Wilhelm Busch, der ja einige Zeit in München gelebt hat, die Geschichte kannte. Denn auch „Fipps, der Affe" nimmt einen Säugling aus der Wiege, steigt mit ihm im Arm aus dem Fenster und rettet ihn so aus einem brennenden Haus.

Sagen sind ja typischerweise an einen Ort gebunden – hier an den Alten Hof in München. Doch werden ähnliche Affengeschichten über Burg Daun in der Eifel und Freiberg in Sachsen erzählt. Ob diese Geschichte also gewandert ist? Vielleicht haben die Leute versucht, sich ein Steinbild, z.B. eine Chimäre auf dem Dach, so zu erklären? Wenn man so will, haben wir es hier mit einem **„Chimärchen"** zu tun.

KAMISHIBAI-YA!
Erzählen und Spielen mit dem japanischen Papiertheater

Die Geschichte vom „Affen auf dem Dach" und das „Töchterchen Frosch" erzähle und spiele ich mit einem „Kamishibai", dem japanischen Papier-Bildertheater.
Das Kamishibai ist in seiner Funktionsweise so simpel, dass man es kaum als Theater bezeichnen mag. Am einfachsten lässt es sich als eine aufgestellte Schachtel mit Bildern darin bezeichnen. In den Deckel der Schachtel ist ein Fenster geschnitten, so dass das vorderste Bild zu sehen ist. Ein Schlitz oben oder an der Seite erlaubt es, das vorderste Bild herauszuziehen – das nächste Bild wird sichtbar. Dazu wird fortlaufend eine Geschichte erzählt. Doch ob einfach oder nicht, es funktioniert! Immer wieder geht ein Vorhang auf und weckt Neugierde, was wohl das nächste Bild zeigen wird.

Das Kamishibai blickt auf eine vergleichsweise kurze Tradition zurück. In den 30er Jahren des vorigen Jahrhunderts, während der Weltwirtschaftskrise, waren es wandernde „Kamishibai-ya" (Kamishibai-Spieler), die sich durch Straßenaufführungen mit diesem einfachen Bildertheater zu ernähren versuchten. Das Theater war meist auf einem Fahrrad angebracht, der Verkauf von Süßigkeiten gehörte zur Aufführung dazu. Wer nichts nahm, bekam nur einen Hörplatz.

Eine klassische japanische Kamishibai-Sequenz umfasst 12 Bilder. Die Texte stehen im Wortlaut fest und werden jeweils von der Rückseite des letzten Bildes abgelesen. Das japanische Theater hat also nicht nur ein Bühnenportal zum Zuschauer hin, sondern auch ein Ablesefenster nach hinten – zum Spieler. Die Blätter werden seitlich herausgezogen und hinten wieder eingesteckt. Die Front ist meist kunstvoll mit drei Klappen verschlossen. Das Öffnen und Aufstellen der Klappen gehört zum Aufführungsritual.

Wer mehr über das Kamishibai wissen will, kann sich z.B. bei der „International Kamishibai Association of Japan" unter **www.studio.co.jp/Kamishibai** informieren. Inzwischen ist das Kamishibai in vielen Varianten verbreitet. Meist werden die Bilder nicht seitlich, sondern oben herausgezogen. Das macht Bau und Handhabung noch einfacher.

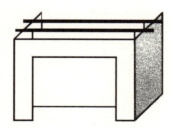

Die Skizze zeigt, dass dann im Grunde nur ein Bühnenportal und zwei Seitenwände nötig sind. Es ist wirklich nur eine Funktionsskizze. Ein schönes Portal, vielleicht ein Sims an der Seite, eine Bodenplatte ... das muss man sich dazudenken.

Die Bilder (auf der Skizze sind es nur zwei) können an Stäbchen über die Seitenwände gehängt werden. Ich verwende hier die Bügel einer Hängeregistratur; ein „Reiter" wie bei einer Karteikarte dient als Griff, an dem ich das Bild fassen und herausziehen kann. Die Kanten der Seitenwände, auf dem die Bügel aufliegen, sind etwa 1 cm vom Portal ein wenig nach unten abgeschrägt. Ein kleiner Stoß sorgt dann dafür, dass das vorderste Bild wirklich dicht am Portal liegt. Mit einem geraden Draht oder einer glatten Schiene auf der Oberkante erreicht man, dass die Bilder leichter vorwärts rutschen.

Noch einfacher ist es vielleicht, wenn man dicht hinter dem Portal eine Rückwand einsetzt und einen Boden anbringt. In dieser Kassette können die Bilder stehen und müssen nicht aufgehängt werden.

Überraschend ist es natürlich, wenn ein Bild sich plötzlich bewegen kann – etwa der Mundwinkel des strengen Herzogs in der Affengeschichte. Hier die Darstellung einer einfachen Papiermechanik:

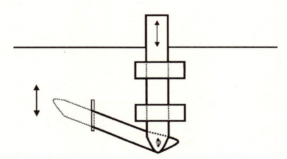

Auf der Rückseite des Bildes läuft ein fester Kartonstreifen durch eine Führung (zwei Querstreifen); der senkrechte Streifen bleibt beweglich, ist aber in der Richtung fixiert. Dieser Streifen wird mit einem anderen Streifen beweglich verbunden. Hier reichen meist zwei Löcher durch beide Streifen, ein Nähfaden wird 3 - 4mal durchgezogen und fest verknotet – fertig ist ein einfaches Gelenk. Der andere Streifen führt dann durch einen Schlitz auf die Vorderseite des Bildes und lässt sich nun durch den senkrechten Pappstreifen auf und ab oder – je nach Winkel – hin und her bewegen.

Es gibt hier endlose Variationsmöglichkeiten, andere Gelenktypen z.B., Spiel mit Winkeln, flächige Verschiebungen, Bewegungsparallelogramme – man könnte das Erzählen glatt darüber vergessen. Das aber wäre doch schade!

Was genau durch das Bild und was durch Sprache ausgedrückt wird, in welches Verhältnis beide zueinander treten – das lässt sich nicht generell sagen. Es hängt von so vielen Einzelfaktoren ab. Das Kamishibai lebt allerdings davon, dass man sich von seinen eigenen Bildern überraschen lässt und die Geschichte vom Bild abliest. Der Blick des Erzählers ist der Scheinwerfer dieses kleinen Theaters.

J.B.

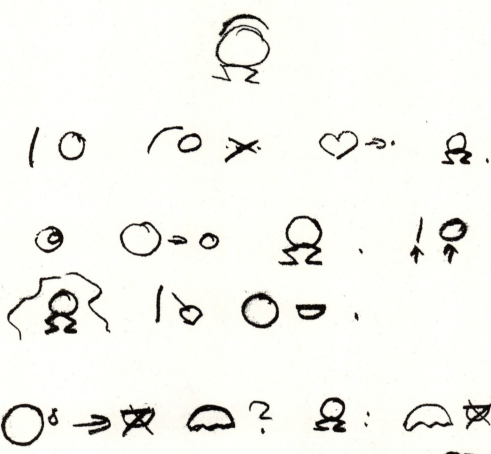

DIE GESCHICHTE VOM TÖCHTERCHEN FROSCH

Märchen aus dem Kosovo

Es lebten einmal ein Mann und eine Frau. Die waren zusammen schon fast alt geworden und sie hatten immer noch keine Kinder. Dabei sehnten sie sich sehr nach einem Kind, selbst wenn es nur ein Fröschlein wäre.

Aber eines Tages spürte die Frau etwas! Sie spürte, dass sie ein Kind erwartete, und nach neun Monaten brachte sie es auch zur Welt. Das war aber kein Kind, das war ein Fröschlein! Trotzdem waren die beiden Leutchen überglücklich. Das Fröschlein verbrachte die meiste Zeit des Tages im Weingarten. Nach Hause kam es fast nie. Der alte Mann bearbeitete den Weingarten, und die Mutter brachte ihm jeden Tag etwas zu essen.

Doch eines Tages fing die Mutter an zu klagen: „Ach, ich kann dem Vater das Essen nicht mehr bringen! Mein Rücken schmerzt mich so, und meine Beine können mich kaum noch tragen. Was soll ich nur tun?"

Da kam das Töchterchen Frosch, das inzwischen vierzehn Jahre alt geworden war, hereingesprungen und sprach:
„Liebe Mutter, ich sehe, du kannst dem Vater das Essen nicht mehr bringen. Gib mir doch den Topf, ich trage ihn in den Weingarten."
„Ach du liebes Töchterchen Frosch, wie willst du denn den schweren Topf tragen? Wie willst du ihn halten – du hast doch keine Arme!"
„Ich kann sehr viel tragen, liebe Mutter! Binde mir doch den Topf auf den Rücken und sorge dich nicht!"
„Gut, das können wir ja einmal versuchen!"

Die Mutter band dem Fröschlein den Topf auf den Rücken und schickte es los in den Weingarten. Das Fröschlein trug und schleppte den schweren Topf, und als es zum Zaun des Weingartens kam, konnte es nicht weiter. Da rief es laut nach dem Vater.

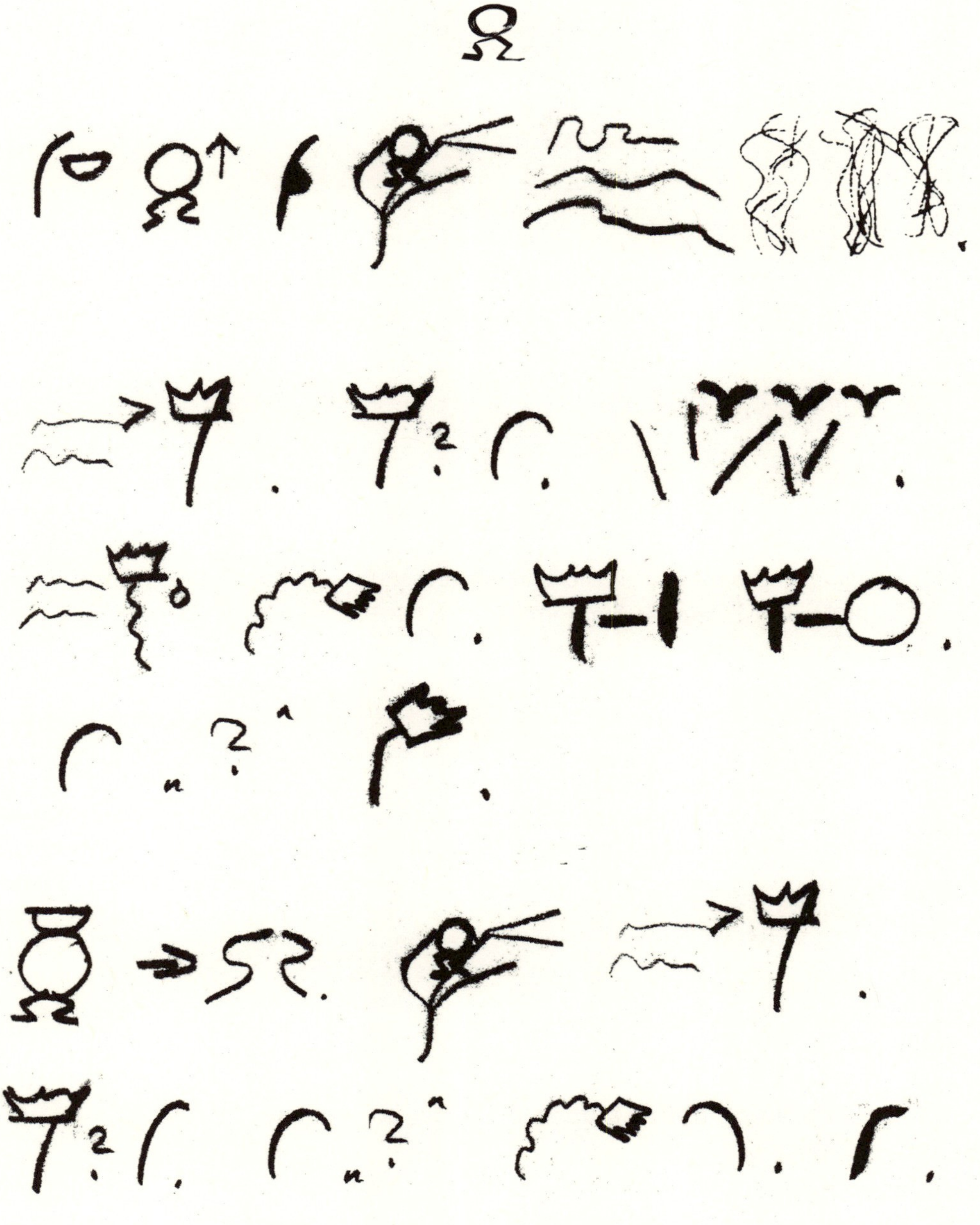

Der Vater kam, band der Tochter den Topf vom Rücken und ließ sich das Essen schmecken. Als er sich sattgegessen hatte, bat das Fröschlein:
„Lieber Vater, setze mich doch in den Kirschbaum!"
Das tat der Vater. Oben im Kirschbaum fing das Fröschlein an zu singen. Der Gesang war über Berg und Tal zu hören, und es war, als würden da Feen singen.

Nun kam auf dem Heimweg von der Jagd der jüngste Königssohn vorbei. Er vernahm den Gesang und blieb stehen, um zu lauschen. Als der Gesang verstummt war, wollte er gern wissen, wer da so schön gesungen habe. Also ging er zu dem Alten und fragte ihn. Aber der Alte sagte, er habe nichts gesehen und nichts gehört, nur einen Schwarm Raben, der über seinem Kopf gekreist sei.

„Dieser Gesang greift mir ans Herz! Väterchen, Ihr wisst doch sicher, wer da gesungen hat – so sagt es mir doch! Ist es ein Mann, so wird er mein Freund. Ist es aber ein Mädchen, so wird sie meine Braut."

Aber der Alte blieb dabei, er wisse von nichts, und da ließ der Königssohn es sein und ging nach Hause.

Am nächsten Tag geschah genau dasselbe wie am Tag vorher. Das Fröschlein brachte dem Vater das Essen, der Vater setzte es in den Kirschbaum, und dort fing es an zu singen. Und wieder kam der Königssohn, um dem Gesang zu lauschen. Wieder wollte er von dem Alten wissen, wer da gesungen habe. Und wieder sagte der Alte, er wisse von nichts.
„Und wer hat Euch das Essen gebracht?"
„Das Essen habe ich mir selbst geholt."
„Ach Väterchen, Ihr wisst doch ganz bestimmt, wer da gesungen hat. So sagt es mir doch!"

Schließlich erwiderte der Alte: „Ja, ich weiß es wohl, aber ich habe Angst, es zu sagen, und ich schäme mich so."
„Habt keine Angst, sagt es nur frei heraus! Ist es ein Mann, wird er mein Freund, ist es aber ein Mädchen, so wird sie meine Frau!"
„Gut, also: Es ist meine Tochter, die da gesungen hat, und sie sitzt dort oben auf dem Kirschbaum. Aber sie ist kein Mädchen, sie ist ein Fröschlein."
„So sagt ihr, dass sie herunterkommen soll."

Das Fröschlein kletterte vom Kirschbaum und sang dem Königssohn noch einmal vor. Dem lachte das Herz im Leib vor Freude, und er sagte:

„Endlich habe ich dich gefunden. Du musst meine Frau werden! Doch hör zu! Morgen treten meine beiden Brüder mit ihren Frauen vor meinen Vater hin, vor den König. Jede der Frauen soll eine Rose mitbringen. Derjenige, dessen Frau die schönste Rose mitbringt, der soll der neue König sein. Also komm du doch morgen als meine Frau und bringe irgendeine Rose mit!"

„Gut, ich werde kommen, aber schickt mir einen weißen Hahn, auf dem werde ich kommen."

Der Königssohn ging und schickte ihr einen weißen Hahn. Auf dem Rücken des weißen Hahns flog das Fröschlein hinauf zur Sonne und erbat sich dort ein Sonnenkleid.

Am nächsten Morgen flog es auf dem Rücken des weißen Hahns zum königlichen Palast. Die Torwächter wollten es zuerst nicht einlassen, aber da sagte es:

„Gut, dann werde ich mich beim jüngsten Königssohn beschweren!"

Da gaben die Torwächter den Weg frei.

Im Hof des Palastes verwandelte sich der Hahn in eine Fee und das Fröschlein in das schönste Mädchen auf der ganzen Welt. Rasch zog sie das Sonnenkleid an und ging in den Palast.

Zuerst trat die Frau des ältesten Sohns vor den König hin. Sie hatte eine prächtige Heckenrose mitgebracht. Die Frau des mittleren Sohns hatte eine herrliche Seerose mit dabei. Doch dann trat die Braut des jüngsten Sohns, das frühere Fröschlein, vor den König hin, und aus den Falten ihres Gewandes zog sie eine reife Weizenähre hervor.

Da strahlte der König auf und sprach: „Du hast uns die schönste Rose mitgebracht! Man sieht, du weißt, dass wir Menschen ohne Brot nicht leben können. Ja, was nützen uns all die anderen Rosen mit ihrem Stolz und ihrer Schönheit, wenn wir nichts zu essen haben. Also: Heirate meinen jüngsten Sohn! Er soll der neue König sein."

Die beiden heirateten. Weise regierten sie ihr Land, sie lebten noch lange, und wenn sie nicht gestorben sind, dann leben sie heute noch.

FROSCHKONZERT

Diese Geschichte, ein ganz klassisches Verwandlungsmärchen, stammt vom Balkan, angeblich aus dem Kosovo. Zwei Dinge sind uns darin besonders aufgefallen: der Rosenwettbewerb und die Rolle des Vaters.

Der Rosenwettbewerb: In vergleichbaren Geschichten wird meist erzählt, dass die Braut des jüngsten Sohnes eine (botanisch) echte Rose mitbringt, die dann aber so schön ist, dass sie die anderen Rosen schlichtweg verblassen lässt. Die Weizenähre hier ist allenfalls im übertragenen Sinn eine Rose. Im Bund mit den Feen und der Sonne erlaubt sich das junge Mädchen eine kreative Regelverletzung – und kann den König tatsächlich damit überzeugen.

Der Vater: Er schämt sich für seine Tochter und nimmt die Schönheit ihres Gesangs vielleicht tatsächlich nicht wahr. So etwas soll es geben. Der Königssohn dagegen, vom Gesang im Herzen ergriffen, will das Mädchen unbedingt heiraten und stört sich nicht an ihrer Gestalt.
Uns fiel dazu die Geschichte von der jungen Frau ein, die sich für ein klassisches Konzert nur einen billigen Hörplatz leisten konnte. So war der Solo-Geiger für sie unsichtbar, doch sie verliebte sich, als sie sein Spiel hörte, „in seinen Ton". Während der Pause wagte sie sich ins Künstlerzimmer – und da saß der Musiker im Rollstuhl: Itzhak Perlman, der berühmte Geiger, der mit 4 Jahren an Kinderlähmung erkrankt war. Heute ist sie seine Frau.

Darf man eine Geschichte, in der das pure Hören einen so hervorgehobenen Platz inne hat, überhaupt visualisieren? Aber wie kann man umgekehrt den Feengesang akustisch darstellen? So entschieden wir uns doch für einen Wechsel des Mediums, für Bilder – in der Hoffnung, dass sich auf diese Weise ein geweiteter Vorstellungsraum schaffen lässt.

Wir haben die Geschichte in ein Bildstenogramm, eine Zeichenschrift umgesetzt und in 65 Einzelbilder aufgelöst. Die Bilder zeigen wir als Sequenz im Kamishibai und erzählen dazu dann das Märchen. (Zum Kamishibai gibt es im Anschluss an die vorangegangene Geschichte vom „Affen auf dem Dach" mehr zu lesen.) Ihren Reiz gewinnt diese sehr abstrakte Darstellungsweise dadurch, dass man die Bilderschrift

mitzulesen lernt. Hier ist sie jeweils seitenweise wiedergegeben.

Hervorgegangen ist dieses Stenogramm aus einem Workshop. Dort bestand die Aufgabe darin, zum diktierten Text der Geschichte spontan und fortlaufend eine Bilderschrift zu erfinden. Zwei andere Froschtöchterchen seien hier wiedergegeben:

Wer selbst einmal ein Bilddiktat mit einer Gruppe ausprobiert, dem wird sofort die Vielfalt der gefundenen Lösungen ins Auge fallen. Zwischen abstrakten, schriftnahen Formen und gegenständlichen, bildnahen Umsetzungen sind in aller Regel viele Zwischenstufen erkennbar. Keine kann für sich „Richtigkeit" beanspruchen, die naturalistische ebenso wenig wie die abstraktere. Das dürfte mitunter eine ganz befreiende Einsicht sein.

Und noch eine Erfahrung lässt sich bei solch einem Diktat machen: Mit Blick auf die (eigene) Bilder-Mitschrift gelingt es anschließend fast jedem, das Märchen in einem persönlichen und lebendigen Wortlaut zu erzählen, einem Wortlaut, der meist sehr viel schwieriger zu finden ist, wenn man sich lediglich am Drucktext oder einem Höreindruck orientiert. Oft erweist sich darüber hinaus der Schritt über die Bilderschrift als hilfreich, um eine Geschichte nachhaltig im Gedächtnis zu verankern.

Das Zusammenspiel von Bild und Sprache ist uns im Grunde auch im Märchen begegnet. Anfangs steht der Froschkörper gegen den lieblichen Gesang; am Ende finden Stimme und erlöste Gestalt zu einer Einheit zusammen.

DAS MÄDCHEN UND DER MOND

Märchen aus dem Nordosten Sibiriens

Unter dem Volk der Tschuktschen im äußersten Sibirien lebte einst ein Mädchen. Sie war die einzige Tochter ihres Vaters und seine beste Stütze und Hilfe. Sommer für Sommer hütete sie die Rentiere weit fort vom Nomadenlager, Winter für Winter zog sie noch weiter fort mit der Herde. Nur selten einmal fuhr sie mit ihrem Rentierschlitten ins Nomadenlager, um ein wenig Essen zu holen.

Eines Nachts hob das Rentier, das vor ihren Schlitten gespannt war, das Haupt und blickte zum Himmel hinauf:

„Schau nur, schau!"

Das Mädchen hob den Blick und sah, wie der Mond in einem Schlitten saß, vor den zwei Rentiere gespannt waren, und vom Himmel auf die Erde niederfuhr.

„Wohin will er? Weshalb?" fragte sie.

„Er will dich entführen!" sprach das Rentier.

Ängstlich fragte das Mädchen: „Was soll ich tun? Er holt mich gewiss zu sich!"

Das Rentier warf mit dem Huf den Schnee auf, bis sich eine Grube bildete:

„Schlüpf rasch hinein!"

Das Mädchen gehorchte. Das Rentier deckte das Mädchen mit Schnee zu, bis von ihr fast nichts mehr zu sehen war und sie selbst fast nichts mehr sehen konnte – einzig ihr schwarzer Haarschopf schaute noch aus dem Schnee heraus.

Indessen war der Mond vom Himmel herabgeglitten, hielt seine Rentiere an und kletterte vom Schlitten. Er ging auf und ab und schaute sich aufmerksam nach allen Seiten um. Er suchte das Mädchen – eine lange Zeit! Doch er konnte sie nicht finden! Er sah auch ihren schwarzen Haarschopf, erriet aber nicht, was da vor ihm lag.

„Wie seltsam, wohin ist das Mädchen nur verschwunden? Ich kann sie nicht finden!
Will mich lieber auf den Heimweg machen und ein andermal wiederkommen. Dann
werde ich gewiss das schöne Mädchen sehen und mit mir nehmen!"
Er stieg in seinen Schlitten, und die Rentiere brachten ihn in den Himmel zurück.

Kaum war der Mond verschwunden, da scharrte der Renbock den Schnee beiseite.
Das Mädchen sprang aus der Grube und bat:
„Lass uns so rasch wie möglich zum Nomadenlager fahren! Sonst erblickt mich der
Mond wieder und kommt noch einmal zu uns herab. Diesmal werde ich mich nicht
mehr verstecken können."
Das Mädchen stieg in den Schlitten, und das Rentier jagte mit ihr davon, so schnell es
seine Kräfte zuließen.
Endlich erreichten sie das Nomadenlager. Das Mädchen trat in den Tschum, in das
Zelt, doch der Vater war nicht da. Wer würde ihr nun helfen?
„Du musst dich verstecken", sagte das Rentier, „sonst kommt der Mond auf unsere
Spur!"
„Wo soll ich mich nur verstecken?"
„Ich will dich verwandeln! Vielleicht ja in einen Stein?"

„Er wird mich erkennen!"
„Dann will ich dich in einen Hammer verwandeln!"
„Er wird mich erkennen!"
„Ich mache dich zu einem Fädchen im Bettvorhang!"
„Er wird mich erkennen!"
„Dann mache ich dich zu einer Stange im Tschum."
„Er wird mich erkennen, er wird mich erkennen!
Was wollen wir nur tun?"

„Will dich in eine Lampe verwandeln!"
„Oh ja, das ist gut!"
Das Rentier stampfte mit dem Huf auf den Boden, und schon war das Mädchen in eine Lampe verwandelt. Sie brannte hell und erleuchtete das ganze Zelt.
Kaum war das Mädchen in eine Lampe verwandelt, da hatte der Mond abermals ihre Rentierherde entdeckt und jagte ins Nomadenlager.

Er band seine Rentiere fest und trat in den Tschum. Gleich fing er an zu suchen. Er schaute zwischen den Stangen des Tschum hindurch, er durchwühlte alle Werkzeuge und Gerätschaften, er fühlte jeden Handbreit Erde und Steine ab, er untersuchte jedes Fädchen im Bettvorhang, doch das Mädchen blieb verschwunden!
Auf die Lampe achtete der Mond gar nicht, denn die Lampe leuchtete genauso hell wie der Mond selbst.
„Wie seltsam! Wo steckt sie nur? Muss mich wohl unverrichteter Dinge auf den Heimweg machen."

Er verließ den Tschum, band die Rentiere los und stieg in seinen Schlitten. Als er gerade davonfahren wollte, kam das Mädchen gelaufen, lugte unter dem Vorhang hervor, lachte und rief:

„Hier bin ich doch! Hier bin ich doch!"

Der Mond ließ die Rentiere stehen und kehrte in den Tschum zurück. Das Mädchen aber hatte sich schon wieder in die Lampe verwandelt.

Wieder fing der Mond zu suchen an. Er suchte zwischen Wurzeln und Blättern, zwischen Steinen und Erdkrumen, doch das Mädchen blieb verschwunden!

„Was für ein Wunder! Wo steckt sie nur? Wohin ist sie verschwunden? Muss mich wohl wirklich auf den Heimweg machen!"

Kaum hatte er den Tschum verlassen, da kam das Mädchen gelaufen, lugte unter dem Vorhang hervor und rief:

„Hier bin ich doch! Hier bin ich doch!"

Der Mond stürzte zurück in den Tschum. Er suchte lange, er durchwühlte alles, stülpte alles um, stellte alles auf den Kopf, aber wie sollte er das Mädchen diesmal finden? Vom vielen Suchen wurde er ganz müde. Ganz schmal war er nur noch. Kaum konnte er noch leuchten. Kaum vermochte er seine Füße zu setzen und die Arme zu heben. Da verlor das Mädchen die Angst. Sie nahm ihre menschliche Gestalt wieder an, sprang aus dem Tschum, warf den Mond auf den Rücken und fesselte ihn an Händen und Füßen.

„Oho!" sprach der Mond. „Willst mich wohl töten! Immerzu, töte mich, hab ja selbst Schuld, wollte dich von der Erde entführen. Aber bevor ich nun sterben muss, hab ich eine letzte Bitte. Wickle mich doch in den Vorhang ein, damit ich mich einmal wärmen kann, denn mich friert ..."

„Wieso frierst du? Du lebst immer in der Freiheit, hast weder Zelt noch Haus. Was willst du mit einem Vorhang?"

Flehte der Mond das Mädchen an: „Da ich auf ewig heimatlos bin, entlass mich in die Freiheit! Will deinem Volk zur Freude dienen. Lass mich frei! Will deinem Volk die Wege weisen. Lass mich frei! Will euch die Nacht zum Tag machen. Lass mich frei! Will deinem Volk das Jahr messen.

Ja, will euch zuerst der Mond des alten Stieres sein, dann der Mond der Kälber, der Mond der Gewässer, der Mond der ersten Blätter, der Mond der Wärme, der Mond der Liebe der wilden Rentiere, der Mond der abgestoßenen Geweihe, der Mond des ersten Winters, der Mond der kürzesten Tage ..."

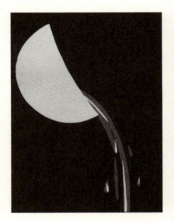  

„Wenn ich dich nun freilasse, wenn du wieder zu Kräften kommst, wenn deine Hände und Füße erstarken, versprichst du, mich auch dann nicht mehr zu holen?"

„Ja, ich verspreche es! Will es nie wieder tun! Will nie wieder von meinem Wege abweichen! Du bist zu klug für mich, Mädchen! Lass mich frei, will euch in der Finsternis leuchten!"

Das Mädchen ließ ihn frei. Seither leuchtet der Mond in der Finsternis.

VOM ANFANG DER ZEIT

Dieses Märchen kommt aus weiter Ferne zu uns, vom äußersten Nordosten Sibiriens, vom Volk der Tschuktschen. Und aus sehr, sehr alter Zeit. Die Trennung von Himmel und Erde – wie in so vielen Schöpfungsmythen beschrieben – ist noch nicht ganz vollzogen, der Himmel scheint immer noch nah zu sein. Der Mond jedenfalls will (und kann) noch seine Bahn verlassen. Ihn zieht es auf die Erde zurück. Das Mädchen überlistet ihn und zwingt ihn letztlich zur kosmischen Ordnung. Der Mond muss versprechen, fortan im Himmel zu bleiben und den Tschuktschen das Jahr einzuteilen. Mit der Strukturierung der Zeit ist der letzte Schöpfungsschritt getan.

Ganz bewusst wähle ich für „das" Mädchen das persönliche Fürwort „sie", um deutlich zu machen, dass hier nicht zufällig eine Frau die Ordnung der Welt herzustellen hilft.

Ich erzähle die Geschichte mit schlichten, nur andeutenden Farbtransparentbildern und einer Laterne mit Kerze. Es sind ca. 30 Einzelbilder, gerade so groß, dass sie das Fenster der Laterne verdecken. Die Präsentationsweise ist mit der des Kamishibai, siehe oben, vergleichbar.

Im Völkerkundemuseum habe ich einmal sibirisches Kinderspielzeug gesehen:

Diese Rentiere waren aus einem kleinen Stück Holz gefertigt. Mit einem Schnitzmesser war die oberste Schicht etwas angehoben und gebogen. Das genügte als Geweih.

Auf Felsenbildern oder Knochenritzungen findet sich eine ähnliche Formensprache. So ist auch die Darstellung auf den Transparentbildern fast piktogrammartig. Durch mehrere Papierschichten ergeben sich allerdings feine Farbabstufungen. Im lebendigen Licht der Kerze entfalten die kleinen Bilder einen überraschenden Sog in die Ferne, an den Himmel und vielleicht noch höher.

Wenn das Mädchen in eine Laterne verwandelt wird, dann steht plötzlich nur noch die Laterne auf dem Tisch. Das schwache Kerzenlicht blendet sogar für einen Augenblick. Dieser plötzliche Wechsel der Darstellungsweise vom bildlich Angedeuteten ins ganz Gegenständliche macht die Verwandlung besonders spürbar.

Ob aber mit der bildlichen Darstellung alle Geheimnisse der Geschichte gelüftet sind? Ich denke nicht. Die Laterne weiß die bessere Antwort.

H.R.

DER VERLORENE HANDSCHUH

Ukrainisches Märchen

Wo spielt die Geschichte? ☐ Im Schnee!

Die Helden der Handlung:

Knabberlieschen — Mäuschen

Riesenhupf — Fröschlein

Schnuppernase — Hase

Graupelz — Wolf

Rauhbein — Wildschwein

Der Onkel — Bär

Es war an einem kalten Wintertag. Draußen war alles dick mit [____] bedeckt. Da

ging Großvater im Wald spazieren. Wie er so ging, fiel ihm sein schöner,

warmer ⬛ in den [____], ohne dass er es bemerkte.

Da kam ein 🐭 angelaufen, sah den ⬛ und sagte: „Hier will ich wohnen!"

Und es schlüpfte hinein.

Bald darauf kam ein 🐸 angesprungen und sagte: „Was für ein schöner,

warmer ⬛! Wohnt jemand in diesem ⬛?"

„Ja, das 🐭 Knabberlieschen. Und wer bist du?"

„Ich bin das 🐸 Riesenhupf. Lass mich doch auch hinein!"

„Gut, so komm herein!"

Jetzt waren schon zwei im ⬛. Schön warm war es da.

Da kam ein 🐰 angehoppelt. Er sah den schönen ⬛ und fragte: „Wer

wohnt hier im ⬛?"

„Das 🐸 Riesenhupf und das 🐭 Knabberlieschen. Und wer bist du?"

„Ich bin der ⟨Tier⟩ Schnuppernase. Lass mich doch bitte auch hinein!"

„Nun, so komm herein!"

Jetzt waren es schon drei im ⟨Handschuh⟩. Schön warm war es da!

Da kam der ⟨Tier⟩ angelaufen und rief: „Was für ein schöner, warmer ⟨Handschuh⟩!

Wohnt jemand hier im ⟨Handschuh⟩?"

„Ja! Der ⟨Tier⟩ Schnuppernase, das ⟨Tier⟩ Riesenhupf und das ⟨Tier⟩

Knabberlieschen. Und wer bist du?"

„Ich bin der ⟨Tier⟩ Graupelz. Lasst mich bitte auch hinein!"

„Nun gut, so komm herein."

Und der ⟨Tier⟩ kletterte auch in den ⟨Handschuh⟩. Jetzt waren es schon vier.

Schön warm war es da.

Da kam das ⟨Tier⟩ angeschnauft.

„Wer wohnt hier in dem ⟨Handschuh⟩?"

„Der ⟨Tier⟩ Graupelz, der ⟨Tier⟩ Schnuppernase, das ⟨Tier⟩ Riesenhupf und

das ⟨Tier⟩ Knabberlieschen. Und wer bist du?"

„Ich bin das ⬛ Rauhbein. Lasst mich auch hinein!"

„Das ist unmöglich, wir sind doch schon viel zu viele! Es geht nicht mehr!"

„Ach, für mich ist schon noch Platz. Lasst mich nur hinein!"

„Nun, was sollen wir machen? Komm!"

Und das ⬛ stieg hinein. Jetzt waren es schon fünf im ⬛.

Sie konnten sich kaum mehr bewegen. Schön warm war es da.

Da kam der ⬛ angetrottet.

„Wer wohnt in diesem ⬛ ?"

„Das ⬛ Rauhbein, der ⬛ Graupelz, der ⬛ Schnuppernase, das ⬛ Riesenhupf und das ⬛ Knabberlieschen. Und wer bist du?"

„Ich bin doch der Onkel ⬛. Viele seid ihr ja da drinnen. Aber den Onkel ⬛ könnt ihr doch noch hineinlassen."

„Wie sollen wir dich hereinlassen, es ist doch schon so eng bei uns!"

„Ach, es wird schon gehen."

Da zwängte sich auch der ⬛ in den ⬛. Jetzt waren es schon sechs.

Warm war es da! Der ⬛ drohte jeden Augenblick zu platzen.

Da merkte der Großvater, dass er seinen schönen, warmen ⬛ verloren hatte.

Er kehrte um, ihn zu suchen. Er sah ihn im ⬜ liegen und trat hinzu.

Da bekamen die Tiere einen großen Schrecken. Sie sprangen alle aus dem ⬛

und liefen in den Wald. Großvater aber freute sich, dass er seinen ⬛

wiedergefunden hatte, bückte sich und hob ihn auf.

ENG, WARM UND TROCKEN

„Das geht doch gar nicht! Die passen doch gar nicht alle rein!" Manchmal erheben Kinder Einspruch, wenn ich diese Geschichte spiele. Ach, wenn es nur eine Frage des knappen Raums wäre! So aber wohnen nun ganz verschiedene und „verfeindete" Tiere ohne Blutvergießen zusammen. Nicht nur der wollig-wohlige Handschuh sorgt da für Wärme, es ist sicher auch der friedliche Zusammenhalt der Tiere in der Winterkälte, der dieses schlichte ukrainische Märchen so anrührend macht. Gut, es gibt Fassungen, wo der Bär nicht mehr hereingelassen wird, sich auf den Handschuh setzt und alle Tiere zerquetscht. Aber das ist doch schade, oder?

Ich habe aus Papier einen flachen Fausthandschuh gebaut, der wie ein Umschlag alle Tiere aufnehmen kann. Mit jedem Neuzugang verändert sich auch der Handschuh. Ein Fensterchen geht auf, eine Treppe und eine Haustür-Glocke erscheinen, ein Schornstein wird ausgefahren, aus dem schließlich (Papier-)Rauch aufsteigt. So kommt in das brave Kettenmärchen ein kleines Augenzwinkern.

Und die Tiere? Meine zeichnerischen Fähigkeiten sind leider recht begrenzt. So habe ich die Tiere aus Schwarzpapier ausgerissen oder -geschnitten, ganz naiv; aber das korrespondiert ja mit der Naivität des Märchens. Belebt werden sie ohnehin erst durch Stimme und Bewegung. Wobei sich zeigt, dass mehr Handlung manchmal gar nicht nötig ist. Spätestens mit dem Auftritt des Wolfs wandelt sich die Geschichte ins Surreale, und mitten im strengen ukrainischen Winter entsteht fast von allein eine kleine Utopie von Wärme und Geborgenheit.

H.R.

HörMale
Cantastorie – Gesungene Geschichten

Cola Fisch

Die zwei Gespielen

Die Meererin

In unserem Buch sind etliche Möglichkeiten dargestellt, Geschichten mit Bildern zu begleiten. Darüber gerät vielleicht die schlichte Tatsache etwas in den Hintergrund, dass Erzählen sich zuallererst ans Gehör wendet. Dieses Kapitel enthält Geschichten, die das Hören in den Mittelpunkt stellen. Teils greifen wir die Tradition gesungener Geschichten, etwa der Balladen, auf, teils versuchen wir, die Musik nicht allein atmosphärisch oder als Begleitung zu nutzen, sondern ihr auch als autonomer Erzählsprache Raum zu geben. Geige und Bogen schaffen dabei in ihrer Körperlichkeit immer zugleich auch Bilder – das Auge hört mit.

COLA FISCH

Märchen aus Sizilien

In Messina, da lebte einmal eine Frau, die hatte einen Sohn mit Namen „Cola!"
Eigentlich hieß er Nicola, aber „Cola!" – so rief sie ihn.
Oft musste sie ihn rufen, denn Cola schwamm von morgens bis abends im Meer.
„Cola! Cola! Komm an Land! Du bist ein Mensch, kein Fisch!"
„Dann werd' eben ein Fisch!"

An einem Tag aber standen die Pforten des Himmels wohl weit offen, denn – der Fluch ging in Erfüllung. Cola wurde ein Wesen, halb Mensch und halb ein Fisch, Schwimmhäute an den Händen, ein Froschhals auf den Schultern, und er kehrte nie mehr an Land zurück.
Seiner Mutter brach das Herz, und sie starb wenig später.

Doch in Messina ging bald die Kunde von einem Wunderwesen draußen im Meer: halb Mensch und halb ein Fisch, halb Mensch und halb ein Fisch, halb Mensch, halb Fisch, halb Mensch, halb Fisch, halb Mensch, halb Fisch ... bis auch der König davon erfuhr. Er befahl den Seeleuten, Ausschau nach Cola Fisch zu halten und ihn an seinen Hof zu bringen.

So erschien Cola Fisch schließlich vor dem König.

> „Du bist ein tüchtiger Schwimmer, so sagt man.
> Schwimm um Sizilien herum eine Runde.
> Wo ist das Meer vor den Küsten am tiefsten?
> Was sieht man alles am Meeresgrunde?"

Und Cola Fisch sprang ins Meer und tauchte unter.

Nach einem Tag schon kehrte Cola zurück.

> „Ich sah in der Tiefe Berge und Täler,
> Pflanzen und Fische, Schlucht, Höhle und Schlund.
> Doch vor Messina, am Capo del Faro,
> befiel mich die Angst, denn ich fand keinen Grund."

„Keinen Grund?" fragte der König. „Aber worauf ist Messina dann erbaut? Du musst noch einmal tauchen!"

Man wartete zwei Tage, dann tauchte Cola Fisch wieder auf.

> „Ich sah einen Felsen, darauf ruht Messina,
> darunter zwei Säulen, die tragen den Fels.
> Heil ist die erste, gespalten die zweite.
> Die dritte zerbrochen –
> O Messina, o Messina,
> un di' sarai meschina!
> – und ich fand keinen Grund."

Der König war starr vor Staunen. „O Messina, o Messina, un di' sarai meschina! – eines Tages wirst du zugrunde gehen?"
Aber der Gedanke, dass das Meer vor Messina ohne Grund sein sollte, ließ ihm keine Ruhe. Cola musste noch einmal tauchen, und diesmal sollte er vom Leuchtturm springen, der auf der Spitze des Capo del Faro stand. Eine weiße Fahne wehte vom Turm, die Meerenge war gesperrt, alles wartete auf Colas Rückkehr.

Drei Tage blieb Cola Fisch verschwunden. Dann kam er wieder zum Vorschein, blass wie der Tod.

> „Ich sah in der Tiefe einen riesigen Fisch.
> Ein Schiff verschlang er. Schon merkt mich das Tier.
> Ich rettete mich hinter eine der Säulen,
> halb tot vor Angst und den Abgrund vor mir."

Mit offenem Mund hatte der König zugehört. Aber die Neugierde ließ ihm keine Ruhe.
„Cola, wie tief...?"
„Nein, Majestät, ich tauche nicht wieder. Ich habe Angst!"
Da riss sich der König die Krone vom Kopf und warf sie ins Meer.

„Majestät, was habt ihr getan? Die Krone des Reiches!"
„Die Krone des Reiches: Du musst sie wieder heraufholen!"

> „O mein König! –
> O mein König, o mein König,
> zu gehorchen fällt mir schwer,
> denn ich weiß in meinem Herzen,
> dass ich nicht wiederkehr.
> Gebt mir Linsen, eine Handvoll,
> und achtet auf das Meer.
> Erscheinen sie, so ist's ein Zeichen,
> dass ich nie wiederkehr."

Sie gaben ihm die Linsen, und Cola tauchte ins Meer hinab.
Man wartete und wartete lange Zeit. Da kamen die Linsen an die Oberfläche.

Auf Cola Fisch wartet man heute noch.

TIEFER ALS DAS MEER

*Dies ist wohl das berühmteste Märchen des Mittelmeerraumes: Cervantes erwähnt es im „Don Quichote", Friedrich Schiller nahm es zum Vorbild für seinen „Taucher".
Wer selbst ein wenig tauchen möchte, findet viele Fassungen dieser Geschichte. Alle sprechen vom Sog des Meeres und dem Rausch der Tiefe – kaum vermag man sich zu entziehen. Der wissensdurstige König lässt vielleicht an Friedrich II. von Hohenstaufen denken, und durch die drei Säulen gründet die Geschichte auch auf der versunkenen Welt der Antike. Wir haben uns an der Fassung orientiert, die in Italo Calvinos „Italienischen Märchen" aufgezeichnet ist.*

*Was ist das für ein Kind, das einfach nicht auf seine Mutter hören will und sich in die Weiten des Meeres flüchtet?
Hier geht es wohl kaum um Ungehorsam oder gar eine Verherrlichung des Schwimmsports. Ist nicht vielmehr der Junge Cola noch ganz tief dem Element Wasser verbunden, seiner (und unserer) Herkunft? Scheut er sich, ans trockene Land zu kommen, irdisch zu werden, weil er dort das Einssein mit seinem Urgrund, seinem Unterbewusstsein, seiner Seele aufgeben müsste? Seine Mutter, die längst „auf dem Trockenen sitzt", versteht ihn nicht und verzweifelt an ihm.*

Den König, der um jeden Preis den Dingen auf den Grund gehen will, können wir hier vielleicht mit dem Vater identifizieren. Er sieht zwar Colas Fähigkeit, aber er instrumentalisiert sie eiskalt für gleichsam wissenschaftliche Zwecke. Colas Ängste, noch tiefer in die eigenen Abgründe hinabzutauchen, interessieren ihn nicht. Lieber riskiert er die Königskrone.

Eine Handvoll Linsen, Früchte der Erde, nimmt Cola mit auf seinen letzten Weg in die Tiefe, als wollte er sich daran festhalten und damit die Verbindung zur Welt wahren.

Ich erzähle die Geschichte fast nur mit Klang und Gesang – geleitet von der Vorstellung, dass dieser Stoff sicher auch von den sizilianischen „cantastorie", den Geschichtensängern, vorgetragen worden ist. Mir diente ein alter Mann zum Vorbild, den wir vor vielen Jahren bei flirrender Mittagshitze im einsamen, fensterlosen Bahnhofs-Wartesaal von Calatafimi auf Sizilien singen hörten. Dieser Gesang blieb uns im Herzen und in der Erinnerung.
Durch zahllose Improvisationen versuchte ich die Farbe dieser Musik wiederzufinden, mochte mich aber nicht auf eine Melodie festlegen. So ist jede Strophe anders geworden.

97

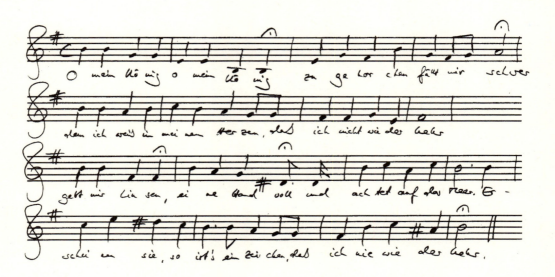

Wenn der König die Krone ins Meer wirft, wird die Schraube am Geigenbogen geöffnet und der Frosch (der Teil des Bogens, in dem unten die Haare befestigt sind) von der Bogenstange gelöst. Ich fächere die Haare des Bogens auf, so als könnten sie einen Blick in die Unendlichkeit – des Meeres und der Zeit – erlauben.

Mit diesem Bild endet die Geschichte, und oft braucht es dann etwas Zeit, wieder aufzutauchen, für mich wie für manchen Zuschauer auch.

H.R.

DIE ZWEI GESPIELEN

Traditionell / Hedwig Rost

Es war-en zwei Ge - spie - len, die gin-gen bei-de spa - zie - ren; die

ei-ne war von Her-zen froh, die an-dre a - ber wei-net so.

„Gespiele, liebste Gespiele mein,
was weinest du so sehre?
Weinst du um deines Vaters Gut
oder weinst du um deine Ehre?"

„Ich wein nicht um meines Vaters Gut,
wein auch nicht um meine Ehre:
Wir lieben beide *einen* Knaben,
können ihn nicht beide haben."

„Gespiele, liebste Gespiele mein,
lass mir den Knaben doch allein!
Kannst werden meines Bruders Frau
und Vaters Gut, das teilen wir genau."

„Ei, deinen Bruder, den mag ich nicht,
von Vaters Gütern keine.
Mag weder Silber noch rotes Gold,
will meinen Schatz alleine."

Der Knab' wohl hinter der Linde stand
und hört die Red so enden.
„Ach, großer Gott vom Himmel herab!
Zu welcher soll ich mich wenden?

Wend ich mich zu der Reichen,
sie ist nicht meinesgleichen.
Wend ich mich zu der Armen,
da muss sich Gott erbarmen.

Die Reiche isst kein Haferbrot,
arbeit' nicht auf dem Feld.
Die Lieb' wird schnell zu Ende sein,
ist erst verzehrt das Geld.

Die Arme, die ist zart und fein,
wird auf dem Feld verweilen,
und wenn sie einen Groschen hat,
wird sie ihn mit mir teilen.

Ich will die Reiche schicken fort
und mich zur Armen kehren.
Wir beide sind noch jung und stark.
Wir werden uns schon ernähren."

SIE LIEBT MICH, LIEBT MICH NICHT

Diese Volksballade aus dem 16. Jahrhundert habe ich in einer Volksliedsammlung der DDR („Der große Steinitz") entdeckt. Dort wird die Entscheidung des Knaben gegen die Reiche und der „Optimismus der jungen werktätigen Menschen" gewürdigt. Mich hat mehr die subtile Charakterisierung zweier konkurrierender Frauen fasziniert, die mit süßen Worten Ohrfeigen austeilen. Der Knabe wirkt dagegen treuherzig und ahnungslos, wie er da hinter seiner Linde steht. Ob Männer so sind?

Ich habe den Text etwas geschliffen, in Reime gebracht und dabei versucht, möglichst viel vom Volkston zu erhalten. Die Melodie hat einen enormen Tonumfang und geht über 1 1/2 Oktaven, was für schlichte Volkslieder sehr ungewöhnlich ist. Hier musste ich nur wenig verändern, um den lieblich-hysterischen Unterton noch etwas deutlicher hervortreten zu lassen. Die Gedanken des Knaben allerdings werden nicht gesungen, sondern gesprochen, bedächtig und ruhig.

Hände und Finger stellen sich in einer kleinen Choreographie zum Streit. Der Hals meiner Geige lässt für einen Augenblick an den Stamm der Linde denken. Wie ein Pendel schwingt sie dann von rechts nach links, schwankt wie das Herz des Knaben. Erst wenn ich versuche, die Geige auf der falschen Seite auf die Schulter zu nehmen, zeichnet sich eine Entscheidung ab. Nein, in dieser Beziehung wird sich keine Harmonie bilden.

In der letzten Strophe, wenn die Entscheidung gefallen ist, singt die Geige die zweite Stimme. Wer sich auf dieses Instrument versteht, darf sich gern einmal in der Kunst der Zweistimmigkeit versuchen. Vorsicht, schwer! Doch mit der richtigen Frau lohnt es sich, in Einklang zu kommen...

H.R.

DIE MEERERIN

Wie früh ist auf die Meererin,
die schöne, die junge Meererin!
Sie steht am Morgen auf gar früh,
geht Wäsche waschen zur tiefen See.

Zur tiefen See, zum weiten Meer,
sie wäscht und spület rein.
Von weitem schwimmt ein Schifflein her;
drin sitzt ein Schiffer fein.

„Guten Morgen, guten Morgen, du Meererin,
du schöne, du junge Meererin!"
„Schönen Dank, schönen Dank, Ihr Schiffer fein!
Guten Morgen hab ich kein'."

„Wieso, wieso, du Meererin,
du schöne, du junge Meererin?"
„Zu Hause hab ich einen bösen Mann,
einen kleinen Sohn, der nicht schlafen kann.

Bei Tag lässt mich mein Mann nicht ruhn,
bei Nacht, da weint mein Sohn.
Ich bin nicht die schöne Meererin,
ich bin ja die Windelwascherin."

„Nur nichts, nur nichts, du Meererin,
du schöne, du junge Meererin!
Tritt ein zu mir in mein Schifflein klein,
da wird`s dir gleich viel wohler sein.

Drin will ich dir zeigen die Pfeiflein klein,
die dort gesammelt sind.
Kannst nehmen, welche dir gefällt,
und geben deinem kleinen Kind."

Die schöne, die junge Meererin,
sie tritt wohl in das Schifflein klein;
er gab dem Schifflein nur einen Stoß,
bis zum roten Sand gleich saust es los.

„Ei große Gnad, Ihr Schiffer fein,
wer wird mir versorgen mein Söhnlein klein?"
„Wer mag, wird ihn versorgen,
kannst ihn dem Vater borgen."

„Wo führt Ihr mich hin, wo komm ich hin?"
„Nur nichts, nur nichts, du Meererin,
du sorgtest dich ja viel zu groß:
Wir kommen zu meinem weißen Schloss.

Dort wirst du sein meine Frau Kellnerin,
meine Herzensschlüsselträgerin."
„Ei ja, ei hier, Ihr Lieber mein,
möcht' gerne Eure Dirn wohl sein."

Er gab dem Schifflein einen zweiten Stoß,
sie kamen gleich zu einem weißen Schloss.
Dort wird sie begrüßt, gehalst und geküsst,
als ob sie die Königin selber sein müsst.

Sie ist dort gewesen sieben Jahr,
sieben Jahr weniger drei Tage.
Wie um nun war die schöne Zeit,
da fühlte sie manch Herzeleid.

„Ei hier, ei hier, du Lieber mein,
mein Herz, das tut mir weh
um meinen Sohn, mein liebes Kind,
dass ich ihn wiederseh.“

„Zum Fenster tritt, du Meererin,
und schau zum dürren Kirschbaum hin!
Sobald der Kirschbaum wird blühen weiß,
kannst du dich machen auf die Reis.“

Und morgens sieht sie zum Fenster hinaus,
der Kirschbaum blühet vor dem Haus.
„Ei hier, ei hier, du Lieber mein,
nun darf ich sehen mein Kindlein klein.“

Sie sitzen wohl ins Schiff hinein
und fahren dahin übers breite Meer.
Am anderen Ufer zieht daher
mit leidiger Miene ein Hirte klein.

Also da spricht die Meererin,
die schöne, die junge Meererin:
„Ei Hirtle, ei Hirtle, du liebes mein,
was lässt dich leiden solche Pein?“

„Wie sollte ich nicht leidig sein?

Seit sieben Jahren geht`s mir so hart ein,
Stiefmutter und Vater quälen mich daheim.
Die Wäsche ans Meer hat genommen
die Mutter – z`rück ist sie nie kommen.

Grad heut sind sieben Jahr um.“

Also da spricht die Meererin,
die schöne, die junge Meererin:
„Tritt her zu mir, du mein Hirtle klein!
Gern wasch ich dir wieder die Wäsche rein.

Bei mir darfst du sein der liebe Sohn,
erhalten deiner Leiden Lohn.
Ich bin deine Mutter, die Meererin,
die schöne, die junge Meererin."

Sie fuhr nie wieder aufs weiße Schloss,
die schöne, die junge Meererin.
Ach, Jugend und Schönheit gingen dahin,
die Wäsche blieb ihr bloß.

oder lieber?

Sie nahm ihn mit auf das weiße Schloss,
die schöne, die junge Meererin.
Der Sohn wurd ein Mann, die Jahre gehen hin,
die Liebe, die blieb groß.

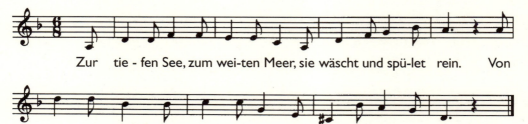

Zur tie-fen See, zum wei-ten Meer, sie wäscht und spü-let rein. Von wei-tem schwimmt ein Schiff-lein her; drin sitzt ein Schif-fer fein.

DIE FRAU AM MEER

Darf man das? Sein Kind einfach beim Vater zurücklassen und einem Geliebten folgen? Volksballaden, Moritaten haben darauf eine eindeutige Antwort: NEIN! Ausbrüche aus der gesellschaftlichen Konvention werden streng geahndet, und mag das Leid, wie es die Meererin dem Schiffer klagt, auch noch so groß sein. Die Strafe folgt üblicherweise und absehbar auf dem Fuße. Das ist hart, tragisch, bedauernswert vielleicht, wird aber im Lied letztlich als gerecht empfunden.

Diese Volksballade stammt aus der Gottschee, einer deutschen Sprachinsel in Slowenien, und stellt da eine große Ausnahme dar. Die „Meererin" schafft es durch eine Liebesbegegnung, sich ihrem Leid zu entziehen, sich zu entwickeln und über sich hinauszuwachsen. Und sie wird dafür nicht bestraft.

Die Schilderung ihrer Lebenssituation hat mich sofort auf ihre Seite gezogen. Derartiges ist ja heute noch vorstellbar. Und dass – nach sieben Jahren – die Mutterliebe die Oberhand gewinnt und sie ihr Kind wiederfindet, ist letztlich doch beruhigend. Eine eindeutige Lösung lieferte die Vorlage dabei nicht. So habe ich die beiden Schluss-Strophen dazugedichtet. Zu offen und überraschend kann der Lebensweg einer Frau sein, die ihre Begrenzungen hinter sich gelassen hat.

Der Text hatte – wohl durch die Überlieferung und die hochdeutsche Übersetzung – an Rhythmus und Kraft verloren. Ich habe versucht, die Strophen wieder in eine griffige, wenn auch bewusst holprige Form zu bringen und ihnen eine Melodie zu unterlegen,

in der die Tiefe der Sehnsucht und die Weite des Meeres anklingen. Dabei wechsle ich zwischen gesungenen und gesprochenen Partien, begleite mich streckenweise (wie ein glühender Liebhaber unter dem Fenster der verehrten Dame) mit gezupften Geigenakkorden und wechsle bei wachsender Leidenschaft von der Moll-Tonart über ins erlösende Dur.

Mit einem großen weißen Tischtuch deute ich das Waschen an, ein Horizont dehnt sich aus dem Tuch, ein Zipfel segelt als Schiffchen vorbei, zuletzt steht, durch den Stoff gebildet, der kleine Junge bedrückt neben seiner Mutter. Viele dieser Bilder hat allein schon das Wort „Meererin" bei mir geweckt – die Frau, allein am Ufer mit ihrer Wäsche, die Bläue, die Weite des Meeres – und dann das Lied in mir zum Klingen gebracht.

H.R.

ERZÄHLEN UND FORMEN

*Biegen, Reißen, Knoten, Schneiden –
Gestalten beim Erzählen*

Ein Baum wächst in den Himmel

Die Reise um die Erde

Vom Raben, der jemanden glücklich machen wollte

Die zwei Riesen, die einander verprügeln wollten

◄►▲◄►

Der Bilmesreiter

Bei der Darstellung der folgenden Geschichten greifen wir auf keine vorher gefertigten Formen zurück. Wir bearbeiten und formen erst während des Erzählens unser Material. Das kann Papier sein, ein Tischtuch, ein Zollstock oder eine rote Schnur. Die Bilder entstehen vor aller Augen, die Gestalt eines Materials verändert sich, und meist spielt auch der Zufall ein wenig mit.

EIN BAUM WÄCHST IN DEN HIMMEL

Märchen aus Russland

Es lebten einmal ein Mann und eine Frau, beide schon alt und beide recht arm. Sie hatten kein Geld, sich Brot zu kaufen, sie hatten kein Geld, sich Mehl zu kaufen, und was taten sie da? Sie gingen in den Wald und sammelten sich Eicheln, einen ganzen Sack voll. Den Sack trugen sie nach Hause, entleerten ihn, zerstießen die Eicheln, zermahlten sie und mischten das Eichelmehl mit Erde, und daraus buken sie Brot. Aber was für ein bitteres Brot war das!

Doch eines Tages, als sie wieder einen Sack in ihr Haus getragen hatten, da fiel ihnen eine Eichel auf die Erde. Sie merkten es nicht, denn die Eichel fiel genau in die Ritze zwischen zwei Dielenbrettern.

Aber nach ein paar Wochen fing in ihrer Stube ein Eichbaum an zu wachsen. Der Mann sieht das und ruft:

„Was ist das denn – ein Eichbaum mitten im Haus! Den muss ich gleich fällen!"

Die Frau schüttelte den Kopf.

„Ach, Mann, lass ihn doch wachsen! Wer weiß, was daraus einmal wird?"

Na gut, der Mann nahm ein Dielenbrett aus dem Boden, und die Eiche konnte wachsen. Sie wuchs und wuchs, bis sie an die Decke stieß.

„So, jetzt muss ich die Eiche fällen. Ein Baum im Haus – das gibt's doch nicht!"

„Ach, Mann, lass die Eiche doch wachsen – vielleicht wird ein großer Baum daraus!"

Na gut, der Mann machte ein Loch in die Stubendecke, und der Baum konnte weiter wachsen. Er wuchs und wuchs, bis er an das Dach stieß.

„So, jetzt muss ich die Eiche wirklich fällen!"

„Ach, Mann, lass sie doch wachsen! Vielleicht wird ein großer Baum daraus, dann müssen wir gar nicht mehr in den Wald gehen. Wir können die Eicheln gleich vor unserer Haustür einsammeln."

Na gut, der Mann machte ein Loch ins Dach, und die Eiche wuchs weiter. Sie wuchs und wuchs in den Himmel hinein. Die Spitze der Eiche war schon längst nicht mehr zu sehen, da dachte sich der Mann:

„Ich möchte gar zu gern wissen, wie hoch die Eiche nun wirklich ist!"

Und er fing an, die Eiche hinauf zu klettern. Er kletterte und kletterte, er kletterte eine lange Zeit, er kletterte eine kurze Zeit. Das Häuschen unter ihm war längst nicht mehr zu sehen, und immer noch hatte er die Spitze der Eiche nicht erreicht.

So kam er schließlich in eine andere Welt. Dort wusste man von seiner Not, und man schenkte ihm zwei Dinge: einen kleinen Hahn mit einem goldenen Kamm – das war das Hähnchen Goldkämmchen – und eine kleine Handmühle. Das aber war eine ganz besondere Handmühle. Wenn man sie rechts herum drehte, dann fielen Krapfen heraus. Drehte man sie links herum, fielen warme, würzige Pasteten heraus. Mit diesen beiden Geschenken stieg der Alte schnell wieder den Baum hinunter, und dank der wunderbaren Handmühle waren die beiden Alten jetzt alle ihre Sorgen los.

Doch davon hörte der reiche Gutsbesitzer. Er ging zu den beiden Alten und sprach: „Was erzählt man sich da von euch? Ihr habt doch immer dieses furchtbare Eichelbrot gegessen, und jetzt ist euer Tisch stets gut gedeckt. Was ist denn geschehen?"
Da zeigten ihm die beiden Alten die wunderbare Handmühle und bewirteten ihn mit Krapfen und Pasteten.
„Oh, was für eine wunderbare Mühle! Verkauft ihr mir die?"
„Nein, die Mühle verkaufen wir nicht!"
In der Nacht, als die beiden Alten schliefen, kam der Gutsherr angeschlichen und stahl die wunderbare Handmühle.
Wie traurig waren die beiden Alten, als sie am Morgen aufstanden und frühstücken wollten, aber die Mühle war fort! Doch da kam das Hähnchen Goldkämmchen angeflattert und sprach:
„Macht euch keine Sorgen, ich gehe und hole die Mühle zurück!"
Das Hähnchen Goldkämmchen machte sich gleich auf den Weg. Es ging und ging und kam an einen Fluss.
Der Fluss fragte: „Hähnchen Goldkämmchen, wo gehst du hin?"
„Zum Gutsherrn, die Handmühle zurückholen. Kommst du mit?"
„Ja, ich komme mit!"
„Dann schlüpf in meinen Schnabel!"
Stellt euch vor – das tat der Fluss! Und mit dem Fluss im Bauch ging das Hähnchen Goldkämmchen weiter.
Es ging und ging und traf am Weg den Fuchs.
„Hähnchen Goldkämmchen, wo gehst du hin?"

„Zum Gutsherrn, die Handmühle zurückholen. Kommst du mit?"

„Ja, ich komme mit!"

„Dann schlüpf in meinen Schnabel!"

Stellt euch vor – das tat der Fuchs! Und mit Fluss und Fuchs im Bauch ging das Hähnchen weiter.

Es ging und ging und ging und traf am Weg den Bären.

„Hähnchen Goldkämmchen, wo gehst du hin?"

„Zum Gutsherrn, die Handmühle zurückholen. Kommst du mit?"

„Ja, ich komme mit!"

„Dann schlüpf in meinen Schnabel!"

Stellt euch vor – das tat der Bär! Und mit Fluss, Fuchs und Bär im Bauch ging das Hähnchen Goldkämmchen weiter.

Dann kam es an einem hohen Baum vorbei, und den verschluckte es auch noch.

Schließlich hatte es Fluss, Fuchs, Bär und Baum im Bauch, als es zum Haus des reichen Gutsherrn kam. Es stellte sich außen an den Zaun und rief:

„Gutsherr, Gutsherr im stolzen Haus,
gib mir sofort die Mühle heraus!"

„Wer schreit denn da draußen so? Ein Hähnchen! Von dem lass ich mich doch nicht so anschreien!"

Der Gutsherr packte das Hähnchen und steckte es in den Hühnerstall. Aber auch im Hühnerstall schrie das Hähnchen immer weiter:

> „Gutsherr, Gutsherr in der Stube dort,
> her mit der Mühle, und zwar sofort!"

Als der Gutsherr nicht kam und ihm die Mühle nicht brachte, da spuckte das Hähnchen den Fuchs aus. Der Fuchs fraß alle Hühner auf, und der Gutsherr hat sich fürchterlich geärgert.

„Was mache ich jetzt mit diesem Hähnchen?"

Er packte es und steckte es in den Pferdestall. Die Pferde sollten es tottreten. Aber im Pferdestall schrie das Hähnchen immer weiter:

> „Gutsherr, Gutsherr, du mieses Stück,
> gib mir sofort die Mühle zurück!"

Da spuckte es den Bären aus. Der Bär trat einmal gegen die Wand des Stalls, die Wand stürzte ein, die Pferde liefen davon in den Wald. Der Gutsherr hat sie nie wieder gesehen und sich fürchterlich geärgert.

„Was mache ich jetzt mit diesem Hähnchen?"

Er überlegte und überlegte, schließlich fiel ihm etwas ein. Ihm fiel ein, dass er auf seinem Dachboden noch eine Kiste hatte, eine große eichene Kiste mit eisernen Beschlägen. Er packte das Hähnchen und steckte es in diese Kiste. Dort sollte es verhungern und verdursten. Doch da spuckte das Hähnchen den Baum aus, der Baum sprengte die Kiste, und das Hähnchen war wieder frei. Der Gutsherr hat sich schrecklich geärgert.

„Was mache ich jetzt mit diesem Hähnchen?"

Er wusste sich nur noch einen Rat: Im Backhaus ließ er das Feuer anfachen, und als der Backofen glühend heiß war, packte er das Hähnchen und steckte es hinein.

Doch da spuckte das Hähnchen den Fluss aus. Das rauschte und zischte, als das Wasser über die Glut im Ofen lief. Die Glut erlosch, und auf dem Gutshof fing das Wasser an zu steigen, immer höher und höher. Der Gutsherr bekam Angst, er und das ganze Gut würden ertrinken müssen. Da befahl er, dem Hähnchen schnell die Handmühle zurückzugeben und es dann fortzuschicken.

Mit der wunderbaren Handmühle im Schnabel machte sich das Hähnchen zufrieden wieder auf den Weg, kehrte zurück zum Haus der beiden Alten, die es schon erwarteten, und fortan lebten sie dort zusammen herrlich und in Freuden.

Das war die Geschichte vom Hähnchen Goldkämmchen, von der wunderbaren Handmühle und von dem Eichbaum, der in den Himmel wächst.

HELFER IN DER NOT

Das gefräßige Hähnchen kann einem überall begegnen, in Portugal und Frankreich, im Baltikum oder – wie hier – in Russland. Mal ist es betrunken, mal ist es halbiert und läuft dann als halbes Hähnchen herum, und manchmal hat es eben einen goldenen Kamm. Es wehrt sich mit Hilfe der aufgenommenen Helfer, es setzt den Königs- oder Gutshof unter Wasser, in einigen Fassungen wird es sogar von seinem Widersacher verspeist – und kräht dann im Bauch weiter. So oder so bringt es seinen mächtigen Gegner zur Verzweiflung und setzt seinen Willen durch. In diesem Punkt ist es sicher mit dem Glücks-Raben aus der türkischen Geschichte hier in diesem Kapitel verwandt. Jedenfalls findet es immer genau die Helfer, die es dann anschließend brauchen kann – eine ermutigende Geschichte, nicht wahr? Ich muss da immer an „Sechse kommen durch die ganze Welt" aus den Kinder- und Hausmärchen der Brüder Grimm denken, eine meiner Lieblingsgeschichten als Kind.

Die Eiche erinnert an schamanistische Weltvorstellungen. Danach befindet sich über unserer Welt noch eine andere, die von Geistern bewohnt ist. Ein hoher Baum bildet die Verbindung. Der Schamane vermag ihn zu erklimmen und die Geister oben um Hilfe zu bitten. Bemerkenswert ist vielleicht, dass die Eiche erst durch Zufall und dann durch Abkehr von geläufigen Ordnungsvorstellungen („Ein Baum mitten im Haus?"), durch Löcher in Boden, Decke und Dach, zum Wachstum gelangen kann.

Wenn unsere Tochter uns auf Tourneen begleitete, hatte ich immer einen Meterstab mit 10cm-Gliedern als Spielzeug dabei. Alles Mögliche haben wir daraus in der Eisenbahn geformt, und einmal versuchte ich mich auch an dieser Geschichte.
Für Aufführungen brauche ich mehrere Meterstäbe, damit es schneller geht und einzelne Formen stehen bleiben können. Ein Haus ist einfach zu formen; für den Baum wächst der Meterstab zu voller Länge empor, und beim Hinaufklettern wird er wieder zusammengefaltet. Später entstehen daraus Fuchs, Bär, Baum, Gutshof, Kiste, Backhaus und dann wieder das Haus der Alten. Ausprobieren!
Ein ausziehbares Maßband dient mir als Fluss, aus einem zweiten Meterstab wird die Mühle geformt (einfach ein Quadrat mit zwei Gliedern als „Kurbel"), ein dritter Meterstab steckt als Hähnchen in meiner Brusttasche.

J.B.

ZOLLSTOCK-BÜHNEN-BILDER

Das Hähnchen
*Am untersten Zollstock-Glied angefasst
lässt sich der Schnabel ein wenig bewegen.
Ich verwende hier einen 1m-Zollstock mit
10cm-Gliedern.*

Das Gutshaus
*Die Pfeile bezeichnen Anfang und Ende des
Meterstabs.
Durch Umlegen des linken Anfangsglieds baue
ich den Hühnerstall ein.*

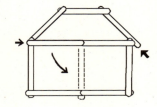

Der Bär
*Auch hier zeigen die Pfeile auf das erste und
auf das letzte Glied des Meterstabs.*

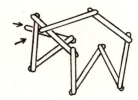

Die Eichenkiste
*Dort, wo zwei Glieder der Länge nach
übereinanderliegen, wird die Kiste „gesprengt".
Das Spiel mit der perspektivischen Darstellung
wirkt im Original absichtsvoll noch verwirrender
als in der Zeichnung.*

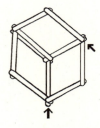

ZUGABE

*Ein Herr namens Palmström denkt sich ein höchst naturalistisches Theater aus, mit
Erde, Mauern, echten Bächen und Pflanzen: „basse Wirklichkeit". Seinem Freund
v. Korf schenkt er ein Modell. Doch der ist von dieser Bühne nicht so recht überzeugt
und sinnt über eine Antwort nach. Die findet sich auf der nächsten Seite …*

Christian Morgenstern: Theater II

Korf lässt dies Problem nicht schlafen,
und er fühlt sich erst im Hafen,
als er Palmström, voll vom Geist,
eine Art von – Zollstock weist.

„Siehst du diesen Zollstock", spricht er; –
„dieser Zollstock ist ein Dichter:
brich mit Kunst ihn hin und wieder,
nütze seine vielen Glieder,
und ein Baum erwächst daraus
und ein Kirchturm und ein Haus
und ein Fenster und ein Ofen –
eine Sphinx für Philosophen!
Wolken von besondrer Schwere,
Schiffe hinten auf dem Meere,
Sternenbilder, Alpenketten
formst du draus gleich Silhouetten,
kurz, in linearem Risse
schaffst du jegliche Kulisse.
>Wirklichkeit< zwar schaust du nie,
doch es jauchzt die Phantasie.
Deine massigen Materien,
Palmström, schick sie in die Ferien!
Statt ein schildkrötplumpes Leben
lass uns Blitzstrahl-Chiffern geben. –
Ja, fürwahr, gezückt mit Witz,
wird dies schwache Reis zum Blitz,
der, des Dichters Blitz verbündet,
dessen Wortwelt hintergründet!" ...

DIE REISE UM DIE ERDE

Märchen der Inuit

Es war einmal in einem Winter. Ein Schneesturm, ein fürchterlicher Schneesturm tobte über das Land. Da hatten sich zwei Männer in den Schutz eines Felsens geflüchtet. Zwei Inuit waren das, und sie führten ein kleines Gespräch – so gut das bei dem Sturm eben ging.

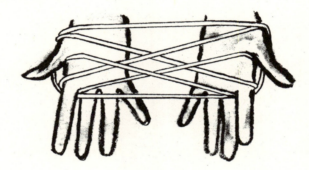

„Ich habe sagen hören, die Erde ist eine Kugel. Glaubst du das?"

„Ich weiß nicht. Man müsste versuchen, es herauszufinden!"

„Wie denn?"

„Wir fahren los auf unseren Schlitten, jeder in entgegengesetzte Richtung, und wenn die Erde wirklich eine Kugel ist, dann – treffen wir uns auf der anderen Seite wieder."

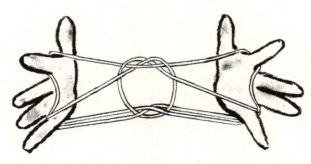

Als der Schneesturm vorbei war und sie nach Hause kamen, da setzten sie sich gleich hin und schnitzten sich aus den Hörnern ein und desselben Ochsen

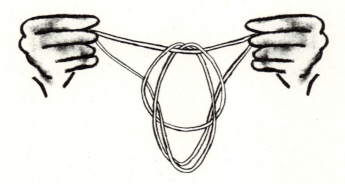

jeder einen Becher. Dann beluden sie ihre Schlitten, setzten noch ihre jungen Frauen hinein und fuhren los – jeder in seine Richtung. Laut knallten sie mit ihren Peitschen, so lange, bis sie einander nicht mehr hören konnten.

So fuhren sie und fuhren, den ganzen Winter lang. Als der Sommer kam und das Gras sich zeigte, da machten sie Halt und blieben an der Stelle, wo sie gerade waren. Im Winter aber reisten sie auf ihren Schlitten weiter. Und so den folgenden Sommer und den folgenden Winter. Und jeden folgenden Sommer und jeden folgenden Winter. Denn es dauert lange, bis man um die Erde herum ist.

Sie bekamen Kinder, viele Kinder, und sie bekamen Falten.

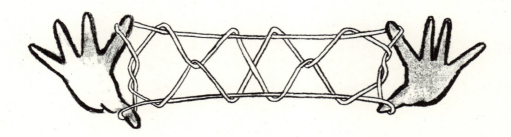

Ja, sie wurden runzlig und schrumpften zusammen. Ihre Haare wurden weiß, und auch die Kinder bekamen schon die ersten Falten. Zuletzt musste man sie tagsüber auf dem Schlitten festbinden, weil sie auf der Fahrt immer einschliefen und herunterzufallen drohten.

Endlich, in einem Sommer, trafen sie einander wieder, die beiden Freunde. Da waren von ihren Bechern nur noch die Henkel übrig. So oft hatten sie unterwegs daraus getrunken und danach die Becher im Gras abgewischt.

„So groß haben wir uns die Erde damals nicht vorgestellt!"

Sie gaben sich die Hände und sahen einander aus halbblinden Augen an. Ja, damals – damals waren sie jung gewesen! Ihr Gang war mehr ein Tanz gewesen, und sie hatten gesungen mit ihren Frauen auf den Schlitten – an jenem Tag, als sie ihre Behausungen

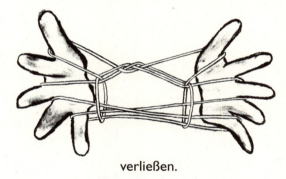

verließen.

Jetzt aber waren sie alt. Sie suchten einander zu erkennen aus halbblinden Augen, und ihre Kinder mussten sie stützen, als sie aufeinander zugingen und sich in die Arme fielen.

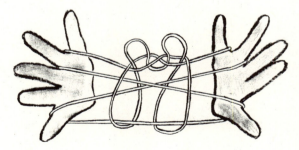

ES GEHT RUND

Ich glaube, ich war in der 4. Klasse – da fand ich diese Geschichte in meinem Lesebuch. „Märchen der Eskimo" stand noch ganz selbstverständlich darunter. Ich habe sie dann völlig vergessen, wie vieles andere aus der Schulzeit auch. Doch vierzig Jahre später begegnete sie mir wieder, und ich erinnerte mich: Die Erde ist so groß, dass am Ende der Reise von den Bechern nur noch die Henkel übrig sind. Das war in einem Winkel meines inneren Lesemuseums bewahrt geblieben. Mit dem eigenen Älterwerden fing diese unscheinbare Inuit-Geschichte wieder an zu mir zu sprechen. Sie erzählte mir vom Fortgang einer Lebensreise, von dem Gewicht, das Freundschaft haben kann, und von einem großen Vorhaben, zu dessen Verwirklichung schließlich auch die Kinder beitragen.

Ich begleite das Erzählen mit einem Fadenspiel. Dieses Spiel ist auf der ganzen Welt verbreitet; ähnlich wie die Geschichten werden auch diese Formen über Generationen und Grenzen hin weitergegeben. Das „Stirnband" (auch „Kleiner Zaun" genannt), das hier auf das Stichwort „viele Kinder" erscheint, ist z.B. indianisch, die „Behausung" stammt wohl aus Sibirien („Sibirische Hütte"), und das „Gespräch" am Anfang (auch „Karo As" oder „Matratze") entsteht beim „Abnehmen", für das man eigentlich zwei Spieler braucht und das bei uns noch verbreitet ist.

Angeblich sind einige Faden-Formen ursprünglich auch mit Geschichten verbunden gewesen. Davon weiß ich allerdings nur aus Büchern; das aber war für mich Ansporn, es selbst einmal auszuprobieren und eine Geschichte anhand von Fadenbildern zu erzählen. Sechs der Bilder, die meine „Reise um die Welt" begleiten, sind hier wiedergegeben. Im Spiel kommen noch mehr Formen vor. Wenn man z.B. das „Stirnband" auseinanderzieht, entsteht ein Gebilde, das an einen Inuit-Schlitten denken lässt.

Alle Fadenformen hier sind klassisch und in Büchern beschrieben – bis auf die letzte: Die beiden Alten, die aufeinander zugehen und sich in die Arme sinken, sind meine eigene Entdeckung. Ich ließ bei einer Figur zwei Daumenschlaufen fallen – und da standen die zwei Freunde auf einmal vor mir. Ein Glücksfall, ein Geschenk der Geschichte, so kommt es mir vor, ein Dank, dass ich mich wieder an sie erinnert habe.

J.B.

VOM RABEN,
DER JEMANDEN GLÜCKLICH MACHEN WOLLTE

Märchen aus der Türkei

Vor langer Zeit, als das Kamel noch Kalif war, der Esel Wesir, die Fliege Musikantin, ja damals, als meine Mutter noch meine Tochter war und ich meiner Mutter Mutter, vor sehr langer Zeit also, –

da spazierte ein Rabe über die Felder, schwang sich in die Lüfte und flatterte von Baum zu Baum. Er krächzte und krächzte und krächzte. Fröhlich krächzte er sein Lied – und alle Leute hielten sich die Ohren zu.

„Den Menschen missfällt mein Gesang", dachte der Rabe traurig. „Sie mögen mich nicht leiden. Ob ich denn auch einmal jemanden glücklich machen kann?"

Eines Tages flog er wieder durch die Lüfte und landete schließlich auf einem Feld. Dabei trat er sich einen großen Splitter in den Fuß. Er zog ihn heraus und flog damit zu einer alten Frau.

„Großmutter, ich bringe dir diesen Splitter, diesen Span. Ich hab ihn mir in den Fuß eingetreten und möchte ihn jetzt nicht immer mitschleppen. Aber fortwerfen will ich ihn auch nicht, weil er recht wohlgeraten ist. Darf ich den Span bei dir lassen, bis ich wiederkomme, ihn zu holen?"

Die Alte versprach, den Span wie ihren Schatz zu hüten. Der Rabe zog ihn heraus und flog davon.

Der Abend kam. Die Lampe der Alten flackerte und rußte. Sie versuchte den Docht aufzurichten. Dazu nahm sie den Span, der beim Stochern in der Flamme Feuer fing und verbrannte. Sogleich schwebte der Rabe herbei.

> „Kra, kra, kra!
> Ist mein Spänchen noch da?
> Großmutter, hast du's aufgehoben,
> will ich dir danken und dich loben."

„Ach", sprach die Alte, „meine Lampe flackerte und rußte. Ich wollte nur den Docht aufrichten. Da fing der Span plötzlich zu brennen an."

> „Kra, kra, kra!
> Mein Spänchen nicht da?
> Gib's Lämpchen dafür.
> Mein Splitter nicht hier?
> Die Lampe gib her!"

Die Alte stellte sich zunächst taub, aber der Rabe krächzte und krächzte so lange, bis der Frau die Ohren schmerzten. Da gab sie ihm ihre Lampe heraus.
Der Rabe griff danach und flog damit zu einer Bäuerin.
„Ach, liebes Mütterchen, ich bitte dich, verwahr die schöne Lampe für mich. Sie ist so schwer, dass ich sie nicht überallhin mitschleppen kann. Darf ich sie bei dir lassen, bis ich wiederkomme, sie zu holen?"
Die Frau versprach, das gute Stück wie ihren Schatz zu hüten, und der Rabe flog davon.
Am Abend ging sie in den Stall, um die Kühe zu melken. Die Lampe nahm sie mit und stellte sie neben sich auf eine Kiste. Die Milch floss und floss in den Eimer. Ein Kälbchen wehrte mit dem Schwanz die Fliegen ab. Dabei traf es – die Lampe, die in tausend Scherben ging. Schon schwebte der Rabe herbei.

> „Kra, kra, kra!
> Meine Lampe noch da?
> Mütterchen, hast du sie aufgehoben,
> will ich dir danken und dich loben."

„Ach, lieber Rabe", sprach die Bauersfrau, „um Licht zu haben und besser sehen zu können, habe ich die Lampe mit in den Kuhstall genommen. Nun hat das Kälbchen sie mit dem Schwanz zerschlagen."

„Kra, kra, kra!
Mein Lämpchen nicht da?
Gib's Kälbchen dafür.
Meine Lampe nicht hier?
Das Kälbchen gib her!"

Die Bäuerin wollte das Kälbchen gerne behalten, doch der Rabe krächzte und krächzte ihr so die Ohren voll, dass sie das Kälbchen tatsächlich hergab.
Der Rabe nahm das Kälbchen am Strick und führte es zu einer armen Witwe und ihrer Tochter.
„Schwester, Schwester, glaube mir, ich weiß nicht mehr, wohin mit dem Tier. Darf ich das Kälbchen bei dir lassen, bis ich wiederkomme, es zu holen?"
Der Stall der Witwe war natürlich leer, und sie versprach, das Kalb wie ihr eigenes zu hüten.

Nun war der Nachbar der Witwe ein junger Zuckerbäcker. Der hätte zu gerne die Tochter der Witwe geheiratet. Er freite nur nicht um sie, weil die Witwe so arm war. Doch wie erfreut war der junge Mann, als er hörte, dass im Stall der Witwe ein fettes Kälbchen stand! Sogleich hielt er um die Hand der Tochter an. Die Witwe war einverstanden, und das Kälbchen wurde zusammen mit den anderen kärglichen Brautgaben hinüber zum Nachbarn gebracht.

Das Mädchen aber liebte nicht den jungen Zuckerbäcker. Sie liebte –, sie liebte einen jungen Hirten, der draußen auf der Weide am Fuße der Berge die Schafe hütete.

Die Hochzeit wurde vorbereitet. Das Kälbchen wurde geschlachtet, die Braut wurde eingekleidet, da schwebte der Rabe herbei.

„Kra, kra, kra!
Mein Kälbchen noch da?
Schwester, hast du es aufgehoben,
will ich dir danken und dich loben."

„Ach, bester Rabe", sprach die Witwe, „meine Tochter soll doch den jungen
Zuckerbäcker heiraten. Zur Hochzeit kommen so viele Gäste. Da haben wir es für
den Festschmaus geschlachtet."

„Kra, kra, kra!
Mein Kälbchen nicht da?
Gib's Bräutchen dafür.
Mein Kälbchen nicht hier?
Das Mädchen gib her!"

Und der Rabe begann zu krächzen und zu krächzen. Er krächzte so lange und so
abscheulich, dass die Witwe wirklich ihre Tochter hergab.

Der Rabe aber führte das Mädchen – auf die Weide am Fuße der Berge!
„Hirte, lieber Hirte! Schau, hier bringe ich dir die Braut! Sie wartet auf dich, ihren
Bräutigam."
Und der Rabe flog auf einen hohen Baum. Von oben sah er zu, wie die Schäfchen Gras
rupften und wie das junge Paar auf der Weide lachte und tanzte. Er erhob sich hoch,
hoch in die Lüfte und begann ein Lied:

„Dem Hirten hab ich die Braut gebracht,
zwei Menschen hab ich glücklich gemacht.
Das hab ich fein mir ausgedacht.
Kra, kra, kra.
Trallalalala ..."

Aus: Günter Löffler „Das Mondpferd – Türkische Märchen", Berlin 1989

UNGLÜCKSRABE – GLÜCKSRABE

Kamel und Kalif, Esel, Wesir, Fliege und Musik – diese Art von Einleitung begegnet uns in türkischen Märchen häufig. **Tekerleme** *nennt man solch ein Vormärchen. Immer ist es widersinnig und surreal. Es soll die Ohren öffnen, den Boden bereiten für das eigentliche Märchen.*

Der Rabe in seiner Schwärze war mir sofort sympathisch, ich freute mich an seiner lauten Penetranz, an der Hartnäckigkeit, mit der er sein Ziel verfolgt.
Die hässliche, missachtete Stimme – dieses „Rabentrauma" ist weit verbreitet! – wird zum Antrieb, andere glücklich zu machen und damit letztendlich die eigene Selbstachtung wiederherzustellen.

Als wäre er sein eigener Schatten, so reiße ich die Kontur des Raben aus weißem Papier aus. Übrig bleibt ein Loch, ebenfalls in Form eines Raben. Dieses Negativ verkörpert den Vogel, bis am Ende das herausgerissene Stück wieder eingesetzt, die Lücke geschlossen wird.

In einer anderen Version dieser Geschichte fordert der Rabe am Ende vom Hirten dessen Flöte und erhält sie im Tausch gegen das Mädchen. Durch das Flötenspiel gewinnt er dann die Wertschätzung der Menschen.
Aber ist ein flötender Rabe die richtige Lösung? Unser Rabe lernt sein Krächzen als Qualität zu erfahren, weil er damit Gutes bewirken kann. Er sorgt eben nicht nur für sein eigenes Glück. Fast selbstlos verschenkt er es auch an andere.

Die Tochter der armen Witwe soll mit dem reichen Nachbarn verheiratet werden, den sie nicht liebt. So verlangt es die Mutter, so fordern es Vernunft und gesellschaftliche Konvention. Eine gute Partie.
Hier kann die rebellische Kraft des Raben ihre Wirkung tun.

Das Mädchen wird durch die Geige angedeutet. Wie von fern und nur gezupft erklingt ein türkisches Volkslied, hoffnungslos und sehnsuchtsvoll. Der Bogen fehlt, der Geliebte fehlt.
Der Rabe bringt Geige und Bogen zusammen – zu einer zärtlichen, hingebungsvollen Melodie. Die angedeutete Erotik dieser Begegnung geht über in das Bild, wo sich der Rabe wieder mit seinem „Schatten" vereint.
So sind es gleich zwei Glücksgeschichten, zwei Liebesgeschichten, die hier zu einem guten Ende kommen.

H.R.

Unsere Tochter Clara hat zu diesem Buch, das die Zeit ihrer Eltern streckenweise sehr beanspruchte, auch etwas beitragen wollen. Hier also der Rabe, den sie für uns gezeichnet und ausgeschnitten hat.

Gegenüber der linienbetonenden Zeichnung steigert der flächen- und formbetonende Scherenschnitt oft noch einmal die Ausdruckskraft einer Darstellung. Dieser Rabe hat doch sichtlich Freude an seiner Stimme!

DIE ZWEI RIESEN,
DIE EINANDER VERPRÜGELN WOLLTEN

Märchen aus Friesland

Stellt euch vor – da war ein hoher Berg, fast schon ein Gebirge! Zu Füßen dieses Berges lebten einmal zwei Riesen. Auf der einen Seite lebte der Große Gustl, auf der anderen lebte der Wilde Willi. Die beiden waren gewaltig groß, gewaltig stark, und riesig groß war auch ihr Mundwerk. Ja, angeben, das konnten sie! Und so hatte jeder schon viel vom anderen gehört, obwohl sie sich noch nie begegnet waren.

Eines Tages sagte der Große Gustl: „Dieser Kerl da drüben hat so ein freches Mundwerk. Ich will rübergehen und ihm eine Tracht Prügel versetzen. Dann ist Schluss mit der Angeberei!"
Er verabschiedete sich von seiner Frau und stieg auf seiner Seite den Berg hinauf, auf der anderen Seite wieder hinab. So kam er zum Haus vom Wilden Willi. Der aber war nicht da, nur seine Frau stand vor der Tür.
Der Große Gustl trat auf sie zu: „Dein Kerl, ist das der Riese mit der großen Klappe?"
„Ich bin mit einem Riesen verheiratet. Ob er eine große Klappe hat, weiß ich nicht. Möchtest du mit ihm sprechen?"
„Sprechen? Verprügeln will ich ihn!"
„Da wirst du etwas warten müssen, drei Stunden sicher. Mein Mann hat gerade angefangen zu pinkeln."
„Was, er pinkelt?"
„Ja, hör nur!"
Tatsächlich, da war ein Rauschen und Platschen zu hören. Das kam allerdings von einem Wasserfall, der sich da schäumend die Felswand hinab in die Tiefe stürzte.
Der Große Gustl betrachtete den Wasserfall: „Was für ein Strahl! Und drei Stunden? Wenn der Wilde Willi so eine große Blase hat – wie groß werden dann erst seine Muskeln sein?"
Nun meinte die Frau: „Du kannst gerne hier warten, ich koch so lange Kaffee."

„Nein, nicht nötig. Soviel Zeit habe ich nicht. Ich komme ein anderes Mal wieder." Und er machte, dass er zurück auf seine Seite des Berges kam.

Am Abend kehrte der Wilde Willi zurück: „Nun, ist irgendetwas Besonderes heute passiert?"
„Ach, nichts. Nur dieser dämliche Riese von drüben war da."
„Was wollte er denn?"
„Dich verprügeln."
„Was?? Prügel?? Die kann er haben! Gleich morgen geh ich rüber und hau ihn windelweich! Nein, am besten gehe ich gleich jetzt los, dann bin ich morgen früh da und kann ihn mir gleich vornehmen!"
Die Frau konnte ihn nicht aufhalten.

Der Wilde Willi stieg über den Berg, und am anderen Morgen kam er drüben an. Der Große Gustl lag noch im Bett und sah ihn durch das Fenster kommen:
„Oh, das sieht schlecht aus. Der ist ja wirklich riesengroß! Was mach ich jetzt?"
 Er rief nach seiner Frau: „Du, schau mal da draußen! Da kommt der Wilde Willi von der anderen Seite, der schlägt mich tot! Was sollen wir machen?"
Die Frau sah ihn an: „Schnell ins Bett mit dir – so! Und die Decken drüber! Bleib liegen und halt bloß dein Maul!"
„Aber da findet er mich doch gleich!"
„Du – bleib jetzt unter der Decke!"
„Aber ...!"
„Bleib unter der Decke, habe ich gesagt!"

Nun kam der Wilde Willi. Er trat gegen die Tür, dass das Haus wackelte.
„Wo steckt der Feigling? Raus mit dir – ich brech dir alle Knochen!"
Die Frau schaute hinaus: „Schscht – halt doch die Klappe da draußen! Das Kind wacht sonst auf!"
Der Wilde Willi steckte den Kopf durch die Tür: „Was für ein Kind?"
Die Frau war wieder ans Bett getreten, zupfte an den Decken herum und sang: „Schlaf, mein Bub, ich will dich loben, mach die Äuglein zu..."
Die Decke war etwas verrutscht, für einen Moment war der Kopf des Großen Gustl zu sehen.

Der Wilde Willi dachte: „Das ist das Kind vom Großen Gustl?! Wenn das Kind schon so groß ist – wie groß mag dann der Große Gustl selber sein? – Entschuldigen Sie die Störung. Ich komme ein anderes Mal wieder."
Sprach's und stieg so schnell er konnte über den Berg zurück. Und dort blieb er auch.

Ja, keiner der Riesen ist wiedergekommen, jeder blieb schön auf seiner Seite und lebte dort friedlich. Ich denke, auch die Riesinnen waren damit zufrieden.

Nach: Arnica Esterl „Das fliegende Schiff – Zaubermärchen und Sagen aus Westfriesland", Stuttgart 1990

EINE RIESENHAUEREI

Dieses Märchen stammt aus Friesland, was man angesichts des hohen Berges kaum glauben mag. Weil es um Prügeln und Pinkeln geht, findet die Geschichte bei Jungen oft großen Anklang, was näher betrachtet auch wieder erstaunlich sein mag. Aber wer hört und schaut schon so genau hin?

Ich zeige die Geschichte mit einem schlichten weißen A4-Papier. Die Formen entstehen beim Erzählen, ich falte und reiße vor aller Augen. Es ist übrigens das jüngste der hier vorgestellten Stückchen.

Spielereien in der Art, wie ich sie vor Jahrzehnten unter der Schulbank oder auf dem Pausenhof gelernt habe, sammle ich leidenschaftlich gern. Ich versuche dann, sie wieder mit Geschichten zusammenzubringen: Fadenfiguren, Fingertricks, Papierspielereien. Gleich die erste Geschichte, das „Hemd des Kapitäns", steht beispielhaft für diese „manuelle Tradition". Oder die „Reise um die Welt". Solche Kunststückchen wandern offenbar von Hand zu Hand, ebenso wie die Stoffe der mündlichen Tradition, und werden noch heute auf dem Schulhof, in der Eisenbahn oder am Wirtshaustisch weitergegeben. Oft haben sie eine ähnliche Plausibilität, Klarheit und Direktheit wie die mündlich überlieferten Geschichten.

So etwas kann man eigentlich nicht erfinden, sie sind – wie die Geschichten – immer schon da. An der Riesenreißerei habe ich darum auch wirklich lange getüftelt, bis die Formen in etwa so einfach waren wie die Schulbank-Klassiker.
Nach jeder Vorstellung bitten mich Kinder um das Riesenbett – es freut mich sehr, wenn diese Mittel sichtlich heute noch funktionieren.

J.B.

FALT- UND REISSANLEITUNG

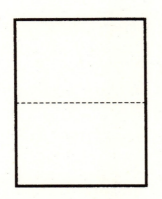

Ein Blatt in A4-Größe wird mittig gefaltet: Das ergibt schon mal einen Berg mit zwei Hängen.

(Es erleichtert den Schlusseffekt, wenn man diese und die folgende Falte im Lauf der Geschichte wiederholt gegenfaltet – z.B. wenn der Berg überstiegen wird.)

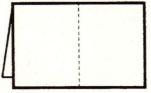

Noch einmal halbiert kann das Blatt als Haus des anderen Riesen gelten.

Der Wasserfall: Alle vier Schichten werden (beginnend beim oberen Pfeil) die lange Faltkante entlang und etwa einen Daumenabstand breit eingerissen („Rauschen und Platschen"); ca. 3 cm von den (offenen) Unterkanten ändert der Riss die Richtung zur langen Faltkante hin (unterer Pfeil). Jetzt wird nur die obere Schicht auf Vorder- und Rückseite gerissen!

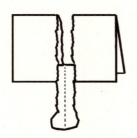

Die Papierzunge wird also noch von der inneren/hinteren Papierschicht gehalten; hervorgeholt bildet sie den Wasserfall.

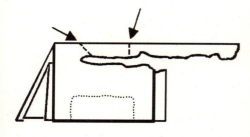

Nun ergeht sich der Wilde Willi in Drohungen, was er alles mit seinem Gegner anstellen will. In dieser Zeit ist eine Menge zu tun: Das Blatt wird wieder in Viertel gelegt, die Papierzunge bleibt dabei langgestreckt. Sie wird nun einmal gerade und scharf talgefaltet (rechter Pfeil) und dann dicht an ihrer Wurzel noch einmal schräg (und von beiden Seiten zur Mitte hin) berggefaltet (linker Pfeil).

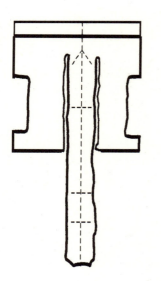

Das ist leider schwierig zu erklären, darum noch einmal in Aufsicht: Die ganze Zunge zeigt nach den schrägen Faltungen zunächst rechtwinklig nach unten und ab der durchgehenden graden Tal-Querfalte wieder nach oben. Anschließend wird durch alle vier Schichten unten ein Rechteck ausgerissen – das ergibt dann die Bettstruktur.

Zuletzt wird das freie Ende der Zunge abwechselnd berg- und talgefaltet. Legt man das ganze Blatt wieder in Viertel, so ergibt sich aus den Faltungen der Zunge die Andeutung eines Profils. Zuletzt wird der vordere Bettpfosten zweimal eingerissen. Eine der beiden so entstandenen (vierschichtigen) Papierlaschen wird nach hinten gefaltet, die andere nach vorn. Das gibt der Bettform Stabilität.

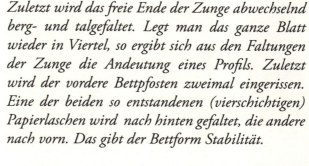

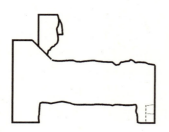

Das Bett wird am Kopfende gehalten; die andere Hand drückt den Kopf des Riesen vor und „unter die Decke". Manchmal schnellt er schon von selbst hoch, wenn man den Kopf loslässt. Sonst muss man mit Daumen und Zeigefinger die „Schultern" des Riesen leicht zusammendrücken – und er springt wieder hoch.

DER BILMESREITER

Sage aus Oberbayern

Da war mal ein Bauer im Dachauer Moos, dem ist einfach nichts gelungen in seinem Leben. Mal ist ihm die Ernte verhagelt, mal ist sein einziges Pferd krank geworden, dann ist seinem Fuhrwerk auf dem Weg zum Markt die Achse gebrochen – all so etwas ist ihm passiert! Dabei hatte er Frau und sechs Kinder zu Hause – wie sollte er die alle ernähren?

Einmal saß er zur Brotzeit am Feldrain und schaute voller Neid auf das Nachbarfeld, das prächtig gediehen war und kurz vor der Ernte stand. Auf seinem eigenen Feld dagegen stand die Saat so kümmerlich, dass er beim bloßen Hinschauen schon wieder Hunger bekam – nur hatte er seine karge Brotzeit schon aufgegessen. Das würde wieder ein rechter Hungerwinter werden!

Da kam hinter einem Busch ein Mann hervor in schwarzem Gewand. Ein wenig hat er auch gehinkt, aber der schwarze Umhang verbarg seine Füße. Auf dem Kopf trug er eine spitze schwarze Kappe, und daran steckte eine leuchtend rote Feder.
Freundlich sprach er den Bauern an:
„Na, welches ist denn dein Feld, das rechte hier oder das ärmliche dort?"
Der Bauer wies nur mit dem Kopf nach links.
„Besonders üppig sieht das ja nicht aus!"
Der Bauer schüttelte stumm den Kopf.
„Hör mal – ich könnte dir helfen. Ich könnte dir zu einer reichen Ernte verhelfen – noch in diesem Jahr!"
Der Bauer schaute den Fremden fragend an.
„Und im nächsten Jahr auch, in jedem Jahr – hörst du? Reich kannst du werden, richtig reich, wie der größte Bauer aus dem Hinterland! Am Markttag kannst du mit den Großbauern im Bräu sitzen! Geld,

Grund und Vieh sollst du haben, dass es dir viermal langt zum Leben. Na? – Nur eine Kleinigkeit verlange ich dafür von dir: deine Seele. Aber was ist das schon, die Seele? Keiner weiß, was das ist und ob es das überhaupt gibt. Also – abgemacht?"

Der Fremde hatte ein Blatt Papier aus seinem Gewand hervorgezogen, das war ein Vertrag. Er nahm die rote Feder vom Hut und reichte beides dem Bauern. Der aber zögerte noch.

„Du, deine Seele bekomme ich erst, wenn dir jemand neunmal hintereinander ins Gesicht schlägt. Also – wenn du dich bei den Raufereien etwas heraushältst, im Wirtshaus oder an Kirchweih, dann wird dir nichts geschehen."

Nun war der Bauer einverstanden. Der Fremde stach ihm mit der roten Feder in den Arm. Der Bauer musste nun mit seinem eigenen Blut unterschreiben: drei schräge Kreuze an Stelle seines Namens. Darauf nahm der Fremde den Vertrag zurück und barg ihn wieder in seinem Gewand.

„Bald ist Erntezeit, da komme ich wieder – in Gestalt eines Geißbocks. Dann werde ich dir helfen, so wie es abgemacht ist!"

Die Erntezeit kam. Am Abend ging der Bauer wieder den Feldrain entlang – plötzlich stand ein großer Geißbock vor ihm. Kleine schmale Sicheln trug er an den Beinen, die waren an seine Klauen geschmiedet.

Der Bauer schwang sich auf den Rücken des Bocks – und los ging's, über den Eckstein hinein in das fremde Feld. Die scharfen Sicheln schnitten das reife Korn, in langen Bahnen und weiten Kreisen wurden die Ähren geköpft. Zurück blieben die Halme, braun und brandig, von den glühenden Hufen des Geißbocks versengt. Der Bauer aber saß rückwärts auf dem Bock und stopfte all die guten Ähren in seinen Sack. So hielt er reiche Ernte, wo er nicht gesät hatte. Dem anderen Bauern aber blieben nur die Stoppeln und das verwüstete Feld.

Niemand konnte sich erklären, woher die Bahnen und Kornkreise kamen.
„Der Bilmesreiter geht wieder um!"
„Der Bilmesschnitter ist wieder unterwegs!"

Ja, Bilmesreiter, Bilmesschneider – so nannte man damals in der Dachauer Gegend (und nicht nur dort!) eine solche Gestalt, die anderen auf diese Weise die Ernte raubt. Obwohl keiner sie je gesehen hatte. Bock und Bauer waren nämlich unsichtbar. Nur das grausige Rauschen war zu vernehmen, wenn sie in der Dämmerung über die Felder fuhren.

Natürlich wunderte man sich auch über den wachsenden Reichtum des armen Bauern. Aber die Leute sagten: „Der Ärmste, früher hatte er ja so viel Pech, wer weiß, vielleicht hat er ja jetzt sein Glück gefunden!"

Ja, nun war der Bauer reich, richtig reich, und alles trat ein, was der Fremde ihm damals versprochen hatte. Doch mit dem Reichtum wuchs auch die Bequemlichkeit: „Was soll ich mir eigentlich noch die Hände schmutzig machen? Was soll ich denn

Nacht für Nacht auf dem stinkenden Geißbock über die Felder reiten und die Säcke füllen? Geht es nicht auch leichter, ohne all die viele Arbeit?"
„Das geht ganz einfach!" sagte der Fremde. (Ihr wisst längst, wer da in dem schwarzen Gewand und in der Gestalt des Ziegenbocks steckte, oder?) „Wenn die Bauern ihre Kornähren ausdreschen, dann halte einfach deine Speichertüren offen! Es wird sich ein Wind erheben und all ihr Korn in deine Scheuer tragen."
Genau so kam es. Als auf einem Hof in der Nähe das ausgedroschene Korn abgemessen werden sollte, da fuhr ein Wind in die Tenne und trug den halben Haufen Körner einfach davon. Der Bauer und seine Leute hörten sofort auf mit der Arbeit.
„Halt, das geht hier nicht mit rechten Dingen zu! Wir müssen den Priester holen!"

Der Priester kam.

„Das geht wirklich nicht mit rechten Dingen zu. Ich werde jetzt über dem restlichen Korn dreimal das Kreuzeszeichen machen, und bei jedem Kreuz muss der stärkste Knecht hier mit der Rute dreimal auf den Haufen einschlagen – so kräftig er kann! Also neun Schläge insgesamt. Seid ihr bereit?"

Der Priester segnete das verbliebene Korn, und der Knecht schlug auf den Haufen ein, dass die Körner stiebten. Einmal, zweimal, dreimal ... neunmal.

Nach dem neunten Rutenschlag kam plötzlich der reiche Bauer, der Bilmesreiter, angerannt, schreiend vor Schmerz und das Gesicht voll blutiger Striemen – neun an der Zahl! Ich weiß auch nicht, wie das zuging, aber alle neun Schläge hatten ihn ins Gesicht getroffen.

„Hört auf, hört auf, hört auf zu schlagen, ich tu's nie wieder!"

Weil er gar so jämmerlich flehte und bei allem, was ihm lieb war, Besserung versprach, ließen sie ihn laufen.

Laufen – was heißt laufen? Er schleppte sich nach Hause und legte sich ins Bett, todsterbenskrank. Keine Medizin vermochte ihm zu helfen, kein Zuspruch ihn zu trösten. Oben auf dem Dach aber, da ist einer gehockt, und der Bocksfuß hing ihm von der Dachrinne herab. Das war der Teufel selbst. Nichts und niemand konnte ihn da herunterbringen, während der Bilmesschnitter unten in seiner Kammer mit dem Tode rang. Erst als der Bauer sein Leben aushauchte, ist der Teufel verschwunden, und die Seele hat er natürlich mitgenommen.

Auf dem zusammengestohlenen Reichtum aber lag kein Segen. Der Hof ist heruntergekommen und die Familie hat es in alle Winde zerstreut.

Und noch heute sagt ein Bauer, wenn sein Feld von Wildschweinen oder von einem Unwetter verwüstet wird: „Das schaut ja aus, als hätte der Bilmesschnitter hier wieder gesichelt."

KORNKREISE UND DURCHSCHNITTE

Sagen vom Bilmesschneider sind im ganzen süddeutschen Raum verbreitet. Oft heißt er auch Bilwitzschneider, Bilwißreiter, Durchschnitts- oder einfach Bocksreiter. Der Ursprung des Wortes ist ungeklärt. Möglicherweise bezeichnen Bilwez, Bilfez, Bilbez, Bilmes usw. die Stoppeln oder Zotteln. Der Bims-Kopf oder Bimbes(-Schädel) stammt vom gleichen Wort ab. Auch die Palm-Kätzchen haben angeblich nichts mit Palmen zu tun, sondern kommen von diesem Wortstamm! Mit ihnen bzw. ihrer Asche glaubte man damals die Felder vor dem Bilmesschnitter schützen zu können.
Die Gestalt des Bilmesschnitters diente als Erklärung für die damals verbreitete Halmbruch-Krankheit. Heute wissen wir, dass ein kleiner Pilz die Ähren köpfte und dessen Sporen die Halme brandig erscheinen ließen. Hier lässt sich also modellhaft ablesen, wie eine Sage entsteht.

Es findet sich allerdings auch die Deutung, dass der Bilmesschnitter eine Verkörperung des germanischen Erntegottes Donar (=Thor) ist. Ihm steht nach vorchristlichem Glauben ein Teil des Korns zu. Der Geißbock gilt als Thors Tier. Die Sage wird dann so interpretiert, dass sich eine durch das Christentum verdrängte Gottheit nun auf eigene Faust ihren Anteil holt.

Dass Sagen meist in Textfassungen überliefert sind, die sich zunächst nicht für das Weitererzählen eignen, ist oben beim „Affen auf dem Dach" bereits erwähnt. Es kostet einigen Aufwand, daraus eine mundgerechte Geschichte zu formen. Außerdem muss man sich irgendwie zu dem hoch erhobenen moralischen Zeigefinger verhalten, der viele Sagentexte überragt. Die Sage war ja nicht zuletzt auch ein Instrument der Wertevermittlung einer Gesellschaft. Vor der moralischen Botschaft mag man Scheu empfinden, doch es lohnt sich, das auch immer wieder zu reflektieren: Meist können die in der Sage verkörperten Werte als Meditations- oder Gesprächsanlass genutzt werden. Ich habe zudem beim Erzählen die Erfahrung gemacht, dass Sagen durch ihre Wahrheitsbehauptung eine ganz eigene Kraft entwickeln. Der konkrete Ortsbezug weckt sofort die Aufmerksamkeit des Hörers, zumal wenn er den Ort vor Augen hat. Die Sage begründet Heimat. Darum versuche ich mich auch der Herausforderung zu stellen, die in dieser Gattung liegt.

Für meine Geschichte habe ich mich an einer Fassung aus dem Dachauer Raum orientiert: „Vom Stoamabauan z' Appercha" – unten kann man sie nachlesen. Ich würde zu gern auch so erzählen können, aber das gibt mein Mund beim besten Willen nicht her! Die Schläge aufs Korn, die den Bauern dann ins Gesicht treffen, habe ich einer Fassung aus Franken entnommen, der Bock mit den Sicheln gehört zur Grundausstattung des Bilmesreiters.

Anfangs habe ich je einen Bogen schwarzes, weißes und rotes Papier in der Hand, dazu eine kleine (Nagel-)schere, die geöffnet vielleicht an die Bockshörner, später an die Sicheln denken lässt. Beim Erzählen schneide (und reiße) ich an den Blättern herum, man sieht die schwarze Gestalt, drei Kreuze, die Ackerstoppeln und schließlich die Gesichter.

Für das Gesicht auf Seite 136 ein Blatt in vier Viertelbahnen
(wie eine Ziehharmonika) falten ∧∨∧.

An der Oberkante „Stoppeln" schneiden. (1)

(1)

Von den beiden
Außenfalten aus
die Augenbrauen
schneiden (4).

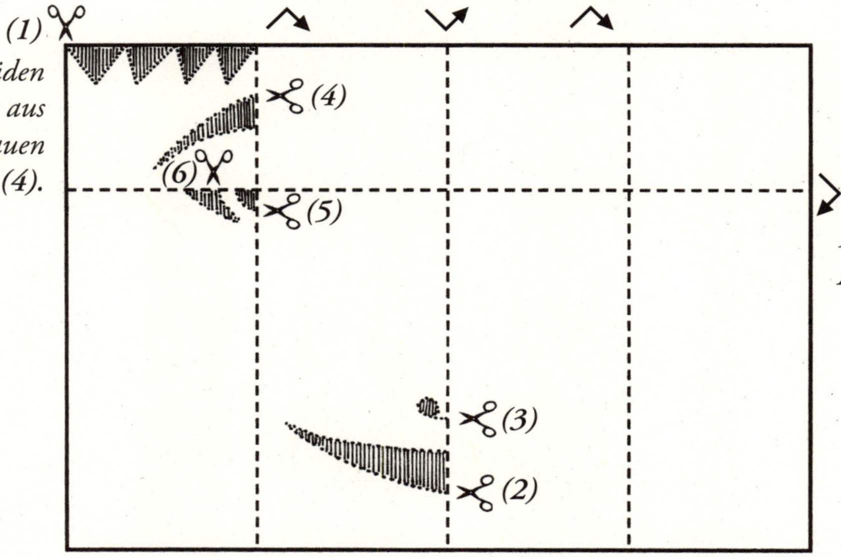

(4)

(6)

(5)

Zuletzt das gefaltet
Blatt noch einmal
querfalten,
dann über die Ecke
Pupille (5) und
Auge (6) schneiden.

(3)

(2)

An der Mittelfalte Mund und Nasenlöcher *(2+3)* schneiden.

Das ist (ehrlich!) nicht besonders schwer, wenn man sich das Deckchenschneiden aus dem Kindergarten wieder wachruft. Nein, viel schwieriger ist es, beim Erzählen die Kraft der Stimme zu halten und nicht alle Energie ins Schneiden zu geben. Die Finger müssen praktisch von allein arbeiten, und der Erzähler sieht staunend, schaudernd zu, was da unter seinen Händen entsteht.

J.B.

VOM STOAMABAUAN Z'APPERCHA

Da aolte Stoamabaua vo Appercha haot amoi mit'm Teifi a Handelschaft g'macht.
S' Geld is eahm halt oiwei z'weni gwen und z'schnell ausganga, weil eahm s' Bia beim
Wirt z'gach owigrumpelt is, wenn er d' Zung auf d' Seitn glegt haot.
So sans sie si handelsoans worn – da Stoamabaua und da Teifi. Da Stoama haot an
Teifi sei Sell vasprocha, da Teifi an Stoambauan aba s' Geld.
Izt is aufwärtsganga beim Stoamabauan. – Bald da Nachba gmolcha hat, is d' Milli
bei eahm in Söchta nei grunna und beim Ausbuttan wars graod a so. S' Buttafaßl haot
si g'rührt, ohne daß er selba waos toa haot müssn.

Aa a Bocksreita is a gwen – da Stoamabaua. An de Füaß haot er Sichen g'habt, is
durch de Felda g'rittn, haot ganze Stroafen aussag'maht, de eahm dann g'hört habn.
– Wanns z' Appercha ausdroschn habn, da haot er bloß an seina Windmüi drahn
braucha, dann is eahm scho aobagrunna s' Troad vom andan, graod so vui er wolln
haot.
Und Geld haot er g'habt, wia Hei so vui und g'lebt haot a izt wiar a Kini. Wia's
aba zum Sterbn kemma is, haot'n da Teifi g'holt: Der is bei eahm auf da Dachrinn
g'hockt, ozogn wia'r a Jaga und sein Bocksfuaß haot er owig'hängt üba de Dachrinn.
Koa Mensch haot den „Gott-sei-bei-uns" danebraocht vo seim Sitz, a net da Pfarra
und a net da Lehra.

Erscht wia d' Leich g'wen is, is da Jaga a furt gwen.
Nix is bliebm vom Stoamabauan seim Sach, nix vom vuin Geld; da Hof is vakemma
und vastuckt worn – und seit dera Zeit gibts a koan Stoamabauan mehr z'Appercha.
Aaba d' Leit redn no heit davo.

Aus: Alois Angerpointner „Die schönsten Sagen aus dem Freisinger und Dachauer
Land", Aßling / München 1971

ENGEL IN FETZEN

Ostjüdische / Chassidische Geschichten

Das Versteckspiel

Höher als der Himmel

Die Generationen

Die Geschichten in diesem Kapitel verbindet ihre gemeinsame Herkunft. Alle drei entstammen der ostjüdischen/chassidischen Tradition. Der Chassidismus ist eine jüdische Glaubensbewegung aus der Mitte des 18. Jahrhunderts. Als Begründer gilt Israel Ben Elieser (1700 – 1760), genannt der Heilige Baalschem Tow. Der jüdische Religionsphilosoph Martin Buber hat durch seine unerschöpflichen „Erzählungen der Chassidim" diesen Schatz von Geschichten der Welt zugänglich gemacht.

Nach Überzeugung der Chassidim ist bei Erschaffung der Welt allem ein Funke des göttlichen Lichts eingepflanzt worden. Auch in den Gegenständen, die die Menschen selbst herstellen, glüht irgendwo das geheime Licht. Das gilt es zu erspüren und frei zu setzen. Vor diesem Hintergrund thematisiert die erste Geschichte die Beziehung zwischen dem Verborgenen und dem Offenbaren. Die zweite zeigt, wie mühevoll die Suche nach dem versteckten Funken manchmal sein kann.

Den Chassidim ging (und geht) es darum, die Erinnerung an bedeutende Lehrmeister erzählend lebendig zu halten. Diese Haltung begegnet uns in der letzten Geschichte des Buchs. Erzählt wurde aber vor allem auch, um Fragen zu stellen, um zu eigenständigem Denken aufzufordern oder zum Streitgespräch anzuregen. Das haben diese Texte mit Lehrgeschichten anderer Kulturen und Religionen gemeinsam.

In unserem Bühnenprogramm „ENGEL IN FETZEN" erzählen wir eine ganze Reihe dieser Geschichten – mit Formen und Figuren aus Papier, mit Bühnen-Bilder-Büchern, mit der Geige und im Zusammenspiel von Wort, Material und Musik.

DAS VERSTECKSPIEL

Rabbi Baruch hatte einen Enkel mit Namen Jekiel. Eines Tages spielte der Junge mit seinen Freunden Verstecken. Ein gutes Versteck hatte er sich ausgesucht. Schwer nur war er zu finden, lange wartete er im Verborgenen. Endlich, nach langer Zeit, merkte er, dass die Freunde ihn gar nicht mehr suchten. Nein, sie spielten längst ganz etwas anderes.

Weinend verließ der Junge das Versteck und lief zu seinem Großvater, um sich über die Spielgefährten zu beklagen. Da stiegen auch dem greisen Rabbi Baruch die Tränen in die Augen, und er sprach: „Jekiel, jetzt hast du am eigenen Leib erfahren, wie es Gott zumute ist, der spricht: Ich bin verborgen, und niemand will mich suchen."

SPIEL UND ERNST

Eine typische chassidische Geschichte. Aus allem lässt sich etwas lernen, und eine Alltagserfahrung erhält tieferen Sinn. Es geht um das Verborgene und das Offenbare – und um die überraschende Beziehung, in die sie zueinander treten. Spiel und Ernst liegen nah beieinander, und das Kind weiß im Kummer plötzlich Gott an seiner Seite.

Wir erzählen das „Versteckspiel" mit einem kleinen Heft, das aus den folgenden Seiten nachgebildet werden kann. In diesem Stil lassen sich für längere Geschichten auch ganze Bücher gestalten, in Weiterentwicklung des Kamishibai-Prinzips, wie es weiter oben im Papiertheater-Abschnitt dargestellt ist.

Die Gestalt des Jungen ist dem berühmten Foto aus dem Warschauer Ghetto nachempfunden, wo ein Kind mit erhobenen Händen vor deutschen Maschinenpistolen steht. Wo war da Gott verborgen?

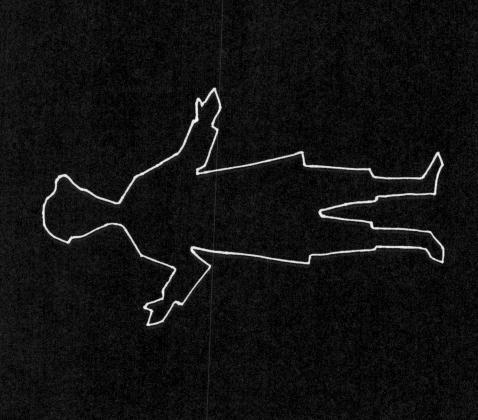

EINLADUNG ZUM SPIEL

Vorbereitung:

1. *Die Figur entlang der Außenkante der weißen Linie ausschneiden. Auf der Seite soll möglichst nichts mehr von der Linie zu sehen sein.*
2. *Die Figur auf die weiße Seite, die auf die schwarze folgt, kleben – und zwar so, dass sie genau in dem „Fenster" steht. Von der schwarzen Vorderseite aus betrachtet soll sich möglichst eine geschlossene schwarze Fläche ergeben.*
3. *Ein dünnes weißes Papier, etwas größer als die Seiten dieses Buchs, wird kräftig geknüllt, sorgfältig wieder glattgestrichen und dann flächig auf die weiße Seite <u>vor</u> der schwarzen aufgeklebt – da, wo schon die geknüllte Fläche angedeutet ist.*

Spiel:

1. *Jekiel wird vorgestellt: „Rabbi Baruch hatte einen Enkel mit Namen Jekiel."* Das Buch liegt seitlich. Man zeigt dazu (möglichst) nur die Seite mit der aufgeklebten schwarzen Figur auf weißem Grund.
2. *„Ein gutes Versteck hatte er sich ausgesucht."* Dazu schlägt man die schwarze Seite (mit dem „Fenster") hoch. Nun steht die schwarze Figur im schwarzen Feld und ist kaum noch zu sehen.
3. *„Er verließ sein Versteck ..."* Das ganze Buch wird gedreht und gleichzeitig die schwarze Seite hochgeklappt. Nun erscheint die Figur in Weiß (und Falten) auf schwarzem Feld.
4. *„Ich bin verborgen ..."* Die schwarze Seite wird nach unten gelegt. Nur noch die Falten sind zu sehen. Ließen sich vielleicht im Gewirr der Faltenlinien auch Gestalten finden?

HÖHER ALS DER HIMMEL

Aus Litauen kam einmal ein Mann in die kleine Stadt Nemerow, der war ein entschiedener Gegner der chassidischen Bewegung, und er verachtete die Chassidim für ihren Wunderglauben und ihre Liebe zu Geschichten. Aber auch in Nemerow – was musste er da hören? Wundergeschichten!

„Unser Rabbi! Unser Rabbi! Der steigt jedes Jahr zum Himmel auf! Ja – in den zehn Bußtagen vor dem Neujahrsfest, da verschwindet er jeden Morgen. Sein Haus ist leer, in der Schul' ist er nicht, im Bethaus auch nicht. Er steigt zum Himmel auf, ganz gewiss, und dort bittet er für seine Gemeinde. Und abends? Abends ist er wieder da."

„Zum Himmel aufsteigen?" Der Litauer lachte: „Nicht einmal Moses ist zum Himmel aufgestiegen! Aber das sollte sich doch herausfinden lassen, wohin der Rabbi da immer verschwindet."

Das Jahr geht zu Ende, die zehn Bußtage kommen – und was macht der Litauer? Am Abend stiehlt er sich in das Haus des Rabbi und kriecht unter dessen Bett!

Der Rabbi legt sich zur Ruhe, der Litauer hält sich wach, nimmt sich in Gedanken einen komplizierten Abschnitt aus dem Talmud vor, um bloß nicht einzuschlafen.

Und endlich, vor Morgengrauen, hört er, wie das Haus erwacht, wie sich alle rüsten und zur Synagoge gehen.

Nur der Rabbi bleibt liegen. Er liegt, wälzt sich im Bett und seufzt – wie vor einer schweren Aufgabe.

Nun sind die beiden allein im Haus. Da steht der Rabbi auf, wäscht Gesicht und Hände, geht zum Schrank und holt ein Bündel heraus – Bauernkleider. Die zieht er an, wirft sich noch einen Sack über den Rücken, steckt eine Axt in den Gürtel und verlässt das Haus, gekleidet wie ein einfacher Bauer.

Der Litauer kriecht unter dem Bett hervor. Er folgt dem Rabbi wie ein Schatten – durch die stillen Straßen und dunklen Gassen, aus dem Städtchen hinaus und in den Wald. Da liegt ein junger umgestürzter Baum, seit dem Frühjahr schon. Der Rabbi nimmt die Axt und fängt an, den Stamm zu spalten, erst in Kloben, dann die Kloben in Scheite, stopft Scheit auf Scheit in seinen Sack, soviel nur hineingeht, und wendet sich wieder der Stadt zu. Der Litauer staunt und schleicht ihm weiter nach.

Am Rand des Waldes steht eine kleine, elende Hütte. Hier klopft der Rabbi an.

„Wer ist da?" – eine schwache Stimme von drinnen.

„Ich bin's – Wassili!"

„Was für ein Wassili?"

„Der Holzhacker! Ich sah, dass dein Schornstein nicht raucht, und dachte, dass du Holz brauchst."

„Das schon, aber ich habe kein Geld."

„Ach, ich will das Holz nicht mehr weiter herumtragen, ich lass es dir für 6 Kopeken!" So sprach der Rabbi und trat einfach ein in die Hütte.

Der Litauer sah: Unter einer zerschlissenen Decke lag eine kranke Frau, in Lumpen und Fetzen gehüllt.

„Ich hab nicht mal 6 Kopeken."

„Ich will sie dir borgen. Ich habe Vertrauen zu dir, eines Tages wirst du sie mir zurückzahlen."

„Zurückzahlen? Wovon denn? Siehst du nicht? Ich bin ganz allein. Ich habe nichts und erwarte nichts. Kein Mensch wird mir helfen."

„Frau, ich versteh dich nicht! Du bist arm und krank, und doch vertraue ich dir um diese ganze schwere Tracht Holz. Und du – was tust du? Du hast einen so großen, so mächtigen Gott, und doch vertraust du ihm nicht, nicht einmal um 6 Kopeken!"

Während er die Holzscheite im Ofen aufschichtete, begann er mit leiser Stimme den ersten Abschnitt des Bußgebets zu sprechen.

Und als das Feuer angefacht war und zu flackern begann, sprach er, schon etwas fröhlicher, den zweiten Abschnitt.

Den dritten Abschnitt sprach er schließlich, als das Feuer richtig brannte und er die Ofenklappe schließen konnte.

Der Litauer hatte alles mit angesehen. Er blieb in Nemerow und wurde Schüler des Rabbi, sein eifrigster, sein glühendster Schüler.

Und wenn in den folgenden Jahren zur Neujahrszeit die Leute sagten, ihr Rabbi sei verschwunden und zum Himmel empor gestiegen, dann lachte der Litauer nicht mehr, sondern sagte mit großem Ernst:

„Ja, zum Himmel empor, und vielleicht noch höher."

AUSGEBRANNT

Die Geschichte vom Litauer, der nicht an Wunder glauben mag, ist sicher eine der schönsten aus dem chassidischen Kulturkreis. Sie findet sich bei Isaac Leib Perez unter dem Titel „Wenn nicht noch höher". Elie Wiesel erzählt sie in seinen „Geschichten gegen die Melancholie" nach, und in den „Erzählungen der Chassidim" von Martin Buber findet sich gleichfalls eine Fassung. Dort ist es der (historische) Rabbi Mosche Löw von Sasow, der die kranke Frau mit Brennholz versorgt. Es gibt im übrigen andere Fassungen, in denen die Frau soeben entbunden hat oder eine kranke Christin ist.

*Die Geschichte lässt sich durchaus so verstehen, dass die Versorgung einer Bedürftigen wichtiger sein kann als die Erfüllung einer rituellen Pflicht, als der Besuch des Bethauses während der zehn Bußtage. Aber wer tiefer in die Geschichte eindringen möchte, der mag sich einmal veranschaulichen, was der Rabbi alles **nicht** getan hat. Wäre es nicht einfacher gewesen, ihr als Rabbi einen Sack Holz zu spenden? Oder ihr vielleicht heimlich etwas Brennholz vor die Tür zu stellen? Oder – auch in der Verkleidung als Holzfäller – ihr das Holz zu schenken? Warum der ganze Aufwand? Was genau ist eigentlich die schwere Aufgabe, die den Rabbi am Morgen so aufseufzen lässt? Und ist es nicht vielleicht die Erfüllung genau dieser Aufgabe, die ihn in den Augen des skeptischen Litauers höher als in den Himmel steigen lässt?*

*Unter den chassidischen Geschichten finden sich zahlreiche Wundergeschichten; als Leser oder Hörer staunt man vielleicht und genießt sie, bleibt aber letztlich passiv. Schließlich wird man sich selbst kaum für wundermächtig halten. In der Geschichte vom Litauer geht es auch um Wunder, aber sie ist keine Wundergeschichte. Es ist keine übermenschliche Leistung, von der da erzählt wird, es werden gerade keine außerirdischen Kräfte, keine Engel beschworen. Es geht buchstäblich um das „**burnout**"; mit der Beschwörung eines großen, mächtigen Gottes hofft der verkleidete Rabbi einen Angelpunkt gefunden zu haben, um die Frau zu bewegen, um sie wieder für das Leben zu erwärmen. Denn der Ofen ist aus – im wahrsten Sinne. Ob es ihm gelungen ist? Findet er noch einen Funken in der Asche? Die Geschichte schließt sich nicht. Sie bleibt beunruhigend.*

Für die Darstellung des Litauers trage ich einen schwarzen Handschuh an einer Hand; den Rabbi „verkörpert" die andere, die bloße Hand, doch das nur andeutungsweise. Wenn der Litauer dem Rabbi „wie ein Schatten" folgt, dann bewegen sich die beiden Hände einen Augenblick lang synchron.

Ein weißes Blatt steht anfangs stellvertretend für die verachteten Wundergeschichten, später kurz für das Bett, unter dem sich der Litauer versteckt. Zerknüllt wird es zum Kleiderbündel und dann – als Sack mit Holz – über die Schulter geworfen. Der Papierball wird wieder etwas aufgezogen – man kann vielleicht die kranke zerknitterte Frau darin erkennen. Ganz aufgefaltet verbirgt sie ihr Gesicht (bzw. der Erzähler seines) hinter dem Blatt: Vielleicht schämt sie sich ihrer Armut. Dann wird das Blatt flächig mit Zeichenkohle eingerieben – und am Ende erscheint ein Gesicht darauf. Das mag an die stummen Gesichter Jawlenskys oder an das Turiner Grabtuch erinnern.

Wie kommt das Gesicht auf das weiße Blatt?
Auch das ist kein Wunder – aber es soll doch ein kleines Geheimnis bleiben.

J.B.

DIE GESCHICHTE VON DEN GENERATIONEN

oder

WAS ÜBRIG BLEIBT

Einst wollte der heilige Baalschem Tow, der Gründer der chassidischen Bewegung, einen todkranken Knaben heilen, den er liebte. Er goss eine Kerze aus reinem Wachs, nahm sie mit in den Wald, stellte sie dort auf einen Baum und zündete sie an. Er sprach ein langes Gebet. Das Licht brannte die ganze Nacht.
Am nächsten Morgen dann – am nächsten Morgen war der Knabe geheilt.

 Der berühmteste Schüler des Baalschem war Rabbi Dow Bär von Mesritsch, genannt der große Maggid. Als nun der große Maggid ebenso einen Kranken heilen wollte, da wusste er die geheimen Worte des Gebets nicht mehr. Er rief den Namen des Meisters an, goss eine Kerze aus reinem Wachs und entzündete sie auf dem selben Baum im Wald. Das Licht brannte die ganze Nacht.
Am nächsten Morgen war der Kranke geheilt.

 Als nun ein Schüler des großen Maggids ebenso eine Heilung vollbringen wollte, da sprach er: „Wir wissen nicht mehr die Worte des Gebets, wir kennen nicht mehr den Ort im Wald, aber ein reines Wachslicht können wir noch anzünden, und das muss genügen."
Es genügte.

 Wieder eine Generation später wollte Rabbi Israel von Rishin eine todkranke Frau heilen. Er sprach: „Wir haben die Worte des Gebets vergessen, wir kennen nicht mehr den Ort im Wald und wir haben auch nicht mehr das Wachs, um ein reines Licht zu gießen. Aber ich kann euch die ganze Geschichte davon erzählen. Und Gott wird helfen."
Und Gott hat geholfen. Durch die Geschichte allein wurde die Frau geheilt.

WAS ÜBRIG BLEIBT

Diese Geschichte findet sich bruchstückhaft in den „Erzählungen der Chassidim" von Martin Buber und in anderen Fassungen bei Gershom Sholem und Johannes Agnon. Über die (historischen!) Persönlichkeiten lässt sich bei Martin Buber oder in den Büchern Elie Wiesels eine Menge erfahren. Allerdings wird diese Geschichte in manchen anderen Sammlungen ohne die Namen oder auch ohne den jüdischen Hintergrund wiedergegeben – so, als wollte die Geschichte sich durch ihr allmähliches Verschwinden selbst beweisen.

Als Geschichtenerzähler haben wir uns sofort angesprochen gefühlt und versucht, hier eine erzählbare Fassung zu rekonstruieren – in dem Wunsch, mit unserer Sprache, mit unseren Mitteln diese Kette fortsetzen zu können. Dabei ist uns klar geworden, dass hier nicht „der Geschichte allein" eine Heilkraft zugesprochen wird. Nein, hier geht es um das Erzählen in der Tradition – und das gilt als heilige Pflicht in der chassidischen Bewegung: „Vergessen bedeutet Exil, Erinnerung aber bringt uns dem Paradies näher." Und Martin Buber selbst drückt es so aus: „Erzählung ist mehr als nur Spiegelung. Die Essenz lebt in ihr fort, das Wunder wird von neuem mächtig."

Wenn die Erinnerung verblasst, der Handlungsfaden dünner wird und zu reißen droht – was bleibt dann übrig, was ist es, das die todkranke Frau am Ende heilt? Mit einem zarten, fast sphärischen Ton zeichnet die Geige das Licht der Kerze. Mehr und mehr übernimmt sie die Motive der Geschichte, und am Ende erzählt die Geige ganz allein. Das Geschehen ist ja fast in Strophen gegliedert – und so setzt sich im Erzählen auch nach und nach ein Musikstück zusammen, eine alte „Rumeynische Fantazi". Vielleicht ist Musik die Essenz der Worte und kann so schließlich das Wunder der Heilung bewirken.

„Musik: Du Sprache, wo Sprachen enden" – Rainer Maria Rilke, der sich unbestritten auf Sprache verstand, hat sich so vor der Musik verneigt. Und damit wollen wir auch diese Sammlung von Geschichten abschließen.

fine

NACHKLÄNGE

Im Rückblick

Ausgewählte Produktionen

Über die Verfasser

Dank

IM RÜCKBLICK

Wir haben versucht, mit Hilfe einer Auswahl von 20 Geschichten etwas von unseren theatralen Darstellungsweisen zu vermitteln. Unser Bühnenrepertoire umfasst inzwischen mehr als 100 kleine Stücke; vieles ist also nicht in diesem Buch vertreten, darunter auch Stoffe aus Geschichte und Mythologie. Mehr Informationen finden sich unter *www.kleinstebuehne.de* – mit einer Möglichkeit zur Kontaktaufnahme.

In der Beschreibung dessen, was wir auf der Bühne tun, kommt fast zwangsläufig ein Aspekt zu kurz: Was tun wir auf der Bühne *nicht*? Welche Ideen haben wir verworfen, welche Umsetzungsmöglichkeiten nicht gewählt? Oft sind das instinktive Entscheidungen, und sie gelangen auch nicht immer ins Bewusstsein, äußern sich höchstens in einem Satz wie „Das kann man so nicht machen!" Auf jeden Fall formen sie die eigene Ästhetik wesentlich mit. Einige dieser unausgesprochenen Kriterien wollen wir hier einmal formulieren. Allgemein verbindlich sind sie nicht, wie auch? Für uns haben sie sich allerdings als richtig erwiesen.

Wir verwenden für die „Kleinste Bühne" echte Gegenstände, keine Nachbildungen wie Spielzeug oder Scherzartikel. Wir malen ihnen keine Gesichter an – die Kokosnuss im „Waldmännlein" *hat* ein Gesicht. Die äußere Form eines Gegenstands wird möglichst nur in der Weise verändert, wie es im Alltagsgebrauch geschieht. Wo es geht, werden die Dinge auch nicht als Puppe geführt, sondern ihrem Zweck entsprechend verwandt. So reißt der Gurkenschäler-Löwe in unserem „Sommernachtstraum" eben etwas Schale aus Thisbes Gurken-Mantel.

Wir spielen offen. Für uns heißt das zum Beispiel, dass wir keine Musik aus der Konserve benutzen. Musik, Sprache, Laute erzeugen wir selbst, vor aller Augen und Ohren. Offene Spielweise bedeutet auch, dass wir in vielen Geschichten nicht auf vorgefertigte Bilder zurückgreifen. Vielmehr entstehen die Formen hier erst beim Erzählen selbst, auf offener Bühne. Das Kapitel „Erzählen und Formen" liefert dafür einige Beispiele.

„Phantasie und einfache Mittel" – so wird unser Theater häufig charakterisiert. Aber sind es wirklich einfache Mittel, die wir verwenden? Der weitgehende Verzicht auf Ausstattung macht zwar die Koffer leichter. Er verlangt aber auch ein hohes Maß an Präzision und Stimmigkeit, denn sonst wirkt das Theater einfach nur karg. Unsere Mittel liegen wie unter einem Vergrößerungsglas, und da genügen oft feine Reize, um ein Publikum zu erreichen und vielleicht zu berühren.

Bei jeder neuen Geschichte fragen wir uns: Was wären die nächstliegenden Lösungen? Die versuchen wir dann ganz bewusst links liegen zu lassen. Der zweite Blick eröffnet meist die interessanteren Wege. Die können durchaus dazu führen, einmal ganz gegenständlich zu arbeiten – so wie im „Verlorenen Handschuh" oder dem „Affen auf dem Dach". Warum auch nicht?

Und noch etwas zum „zweiten Blick": Nicht immer sind Text und Bild auf der Bühne so aufeinander bezogen, wie es im Buch erscheinen mag. Oft sind die Bezüge ganz assoziativ, und gern fügen wir auch Kleinigkeiten und Beiläufigkeiten ein, die für das Verständnis nicht unbedingt notwendig sind und sich vielleicht nicht sogleich erschließen. Trotzdem freut sich ein Zuschauer, wenn er z.B. ein Musikzitat erkennt oder ein kleines Bilderrätsel durchschaut. Sehen Sie sich doch noch einmal das Landschaftsbild in der Zwei-Riesen-Geschichte von der Seite an.

Was bleibt noch zu sagen? Hoffentlich sehen wir uns mal (wieder) bei einer Aufführung! Dann können wir vielleicht gemeinsam erleben, wie die Geschichten Gestalt gewinnen, lebendig werden und uns mitnehmen auf die große Reise – höher als der Himmel, tiefer als das Meer.

AUSGEWÄHLTE PRODUKTIONEN

FÜR DIE „KLEINSTE BÜHNE"

1986   WELTKLASSIKER IM 10 - MINUTEN - TAKT
Weltklassiker, Märchen und Abenteuergeschichten

1988   UNVERHOFFTES WIEDERSEHEN
Weltklassiker, Märchen, Abenteuergeschichten

1990   REVOLUTION!
Sechs historische Miniaturen

1995   DER MOND SCHEINT, DIE TOTEN FAHREN
Eine Erzählrunde mit Schauergeschichten

FÜR DIE SCHAUBURG / THEATER DER JUGEND IN MÜNCHEN

1992   KOLUMBUS NACHFAHREN
Geschichte auf der Bühne: Entdeckung und Eroberung Amerikas

1994   ALICE IM UNTERLAND nach Lewis Carroll
Über Sprache, Macht und die Namen der Dinge

1995   ALGOT STORM nach Barbro Lindgren
Ein Bildertheater mit animierten Scherenschnitten (Jörg Baesecke)

1997   STADTTORHEITEN
Drei Münchner Stadtsagen, erzählt in einem Papiertheater (Jörg Baesecke)

REBUS – PRODUKTIONEN

1998   LICHTSPIELE
Acht Augenblicke über den Rand der Nacht
Tag-, Nacht-, Licht- und Gestirnsgeschichten (Hedwig Rost)

1999   EIN HUHN RETTET DIE WELT
Drei Märchen für Kinder, erzählt und gespielt am Tisch (Hedwig Rost)

2000   ENGEL IN FETZEN
Ostjüdische/Chassidische Geschichten, erzählt mit Geige und Papier

2001   DIE NACHT DES ERZÄHLERS
Acht Stücke von der Hand in den Mund
Menschenfresser- und Baumgeschichten in einer Erzählrunde (Jörg Baesecke)

2002   WO HAUSEN HASE, MAUS UND SCHWEIN?
(Und dürfen Bär und Wolf herein?)
In vier Geschichten durch das Jahr – für kleine Kinder (Hedwig Rost)

2003   HÖRMALE
Gesungene Geschichten, gespielte Balladen (Hedwig Rost)

2005   STADT-LAND-MOOS
Sagen aus Münchens Umland (Jörg Baesecke)

2006   GELD ODER LEBEN
Sieben Geschichten über den Tod hinaus (Jörg Baesecke)

ÜBER DIE VERFASSER

Hedwig Rost wurde 1959 in München geboren, wo sie am Richard-Strauss-Konservatorium Geige lernte. In Hamburg folgten Ausbildungen zur Tanzpädagogin und zur Gestalttherapeutin. Auf der Suche nach einem Berufsfeld, wo sie ihre Erfahrungen und Fähigkeiten zusammenführen konnte, besuchte sie zahlreiche Fortbildungen, darunter auch mehrere Theaterkurse. 1984 schloss sie sich einer professionellen Straßentheatergruppe an.

Jörg Baesecke, geboren 1954 in Wesel/Rhein, absolvierte in Hamburg das 1. und 2. juristische Staatsexamen. 1979 begann er dort mit politischem Straßentheater – im Rahmen der Umwelt- und Anti-AKW-Bewegung. Er besuchte Theaterkurse, vor allem über Improvisations- und Clownstechniken; hier öffnete sich sein Blick für den spielerischen Umgang mit Alltagsgegenständen. Seit 1981 ist er hauptberuflich als Schauspieler und Figurenspieler tätig.

Beide zusammen treten seit 1983 mit einem kleinen Koffertheater auf, der „Kleinsten Bühne der Welt". Sie gelten als eines der ersten Objekttheater in Deutschland und wurden in mehrere europäische Länder und nach Nord- und Südafrika eingeladen. Seit 1991 arbeiten sie auch mit der SCHAUBURG zusammen, dem Kinder- und Jugendtheater der Stadt München.

Gemeinsam entwickelten sie einen ganz eigenen Stil theatralen Erzählens im Wechselspiel zwischen Sprache, Musik und visuellen Mitteln. Dafür steht auch ihr Firmenname „rebus" (= Bilderrätsel). Längst sind es nicht nur Alltagsgegenstände, mit denen sie ihre Geschichten versinnbildlichen, längst ist es nicht mehr allein das kleine Koffertheater, auf dem sich alles abspielt. An immer neuen Bühnenformen und Darstellungsweisen arbeiten sie, zu zweit und solistisch, und das Erzählen ist mehr und mehr in den Mittelpunkt gerückt.

Sie haben eine Tochter und leben am Stadtrand von München.

Wir danken

Günter Mattei
für die freundschaftliche Beratung
und für die Gestaltung des Umschlags,

Anke Wätjen,
die unser umfangreiches Material engagiert
und kompetent in ein Layout umgesetzt hat,

Ursula Kölle
für ihre Impulse zur Buchgrafik

und allen,
die uns – oft schon seit Jahren – in unserer Arbeit begleiten
und bei denen wir Resonanz und Unterstützung erfahren.

Ferner bedanken wir uns herzlich für die freundliche Abdruckerlaubnis

bei Herrn Josef Guter
für „Das Waldmännlein“,

bei Frau Arnica Esterl
für „Die zwei Riesen, die einander verprügeln wollten“,

bei Herrn Günter Löffler
für „Vom Raben, der jemanden glücklich machen wollte“

und bei Frau Dr. Vevi Hahn und Herrn Dr. Thomas Angerpointner
für „Vom Stoamabauan z'Appercha“.

Kontakt: www.kleinstebuehne.de